ERICA BÄNZIGER

DIE SPROSSEN KÜCHE

MIDENA

Die Deutsche Bibliothek – CIP Einheitsaufnahme

Bänziger, Erica:
Die Sprossen-Küche / Erica Bänziger. –
Küttigen/Aarau : Midena ;
Augsburg : Weltbild, 1999
   ISBN 3-310-00307-8

Alleinvertrieb für Deutschland:
WELTBILD VERLAG GmbH
Steinerne Furt 68-72, 86167 Augsburg

© 1999 – MIDENA VERLAG GmbH, CH-5024 Küttigen/Aarau
Gestaltung Umschlag und Inhalt: Dora Eichenberger-Hirter, Birrwil
Foodbilder: Evelyn und Hans-Peter König, Zürich
Bilder Einführungsteil: Sprossen fürs Leben und Verlag (Marianne Fuchs, Zell)
Vorlagen Grafiken: Sprossen fürs Leben, Rothenburg
Fachliche Beratung: Pierre-Louis Vermot Petit-Outhenin, Rothenburg
Satz: Kneuss Satz AG, Lenzburg
Lithos: Lang Polycom AG, Basel
Druck und Bindung: Neue Stalling, Oldenburg

ISBN 3-310-00307-8

EINLEITUNG

REZEPTE

Suppen

Salate und Vorspeisen

Verwendete Abkürzungen

EL = gestrichener Esslöffel
TL = gestrichener Teelöffel
ml = Milliliter
dl = Deziliter
Msp = Messerspitze

Wo nicht anders erwähnt, sind die Rezepte
für 4 Personen berechnet.

VORWORT

Sprossen – das ist Natur pur. Das ist Power food und Living food par excellence. Sprossen sind nicht nur einsame Spitze, wenn es um den Vitalstoffgehalt (Vitamine, Mineralstoffe, Enzyme & Co.) geht, sie sind auch bezüglich pflanzlichen Eiweißes unschlagbar. Zudem können Sprossen ohne Energie und ohne die Umwelt zu belasten zu Hause produziert werden, 365 Tage im Jahr.

Der gesundheitliche Wert der Sprossen ist bekannt .... aber leider noch viel zu wenig im Bewusstsein des Konsumenten. Wenn man bedenkt, dass 80% aller Krankheiten auf falsche Ernährung zurückzuführen sind, erwartet man auch seitens des Gesundheitswesens Impulse zur Förderung der Sprossenküche. Mit dem täglichen Sprossenverzehr stärken wir nicht nur unsere Gesundheit, wir leisten auch einen aktiven Beitrag in der Prävention. Sprossen sind Lebensmittel, Frischgewürz und Heilmittel in einem; lassen wir uns von ihnen schützen, stimulieren und stärken.

In der Sprossenküche ist grundsätzlich alles erlaubt. Wichtig ist das Experimentieren mit möglichst vielen Samen, Getreidekörnern und Hülsenfrüchten, damit man seine eigenen Vorlieben kennen lernt. Wenn man sich einmal an den feinen Sprossengeschmack gewöhnt hat, sind sie in der täglichen Ernährung unverzichtbar. Sie gehören dann zum Essen wie gute Gewürze und gutes Öl. Die in den Rezepten empfohlene Sprossensorte darf und kann nach Belieben ausgetauscht werden.

Sprossen sind ein faszinierendes Lebensmittel. Mit ihnen zu experimentieren kann ein neues Hobby sein ... und dazu brauchen wir nicht einmal einen Garten. Kommen Sie mit mir in die Welt der Sprossen! Ich wünsche Ihnen dabei viel Freude und Genuss.

Erica Bänziger

*Es gibt mehr Dinge
zwischen Himmel und Erde,
als eure Schulweisheit
sich träumen lässt.*

William Shakespeare, 1564 - 1616

WAS SIND SPROSSEN?

Sprossen sind gesprießtes Saatgut von Gemüse, Getreide, Nüssen, Hülsenfrüchten, Gewürzen usw. Oft wird auch der Begriff Keimling gebraucht, der so nicht richtig ist. Denn der Keimling ist inaktiv; erst durch Wasser, Licht und Sauerstoff beginnt er zu sprießen; es entstehen Sprossen oder Knospen.

Die «Knospe» ist in der Schweiz eines der geschützten Markenzeichen für Produkte und Saatgut aus kontrolliertem biologischem Anbau. Sprossen (Knospen) sind Natur pur. Und nur aus natürlichem, lebendigem, nicht manipuliertem Saatgut kann ein Spross d. h. neues Leben, enstehen.

SPROSSEN SIND «LIVING FOOD»

Neue Begriffe prägen unsere Ernährungsszene. Auch die Nahrungsmittelindustrie scheint die gesunde Ernährung entdeckt zu haben! Mit Milchsäurebakterien angereicherte Milchprodukte werden nun als Functional food bezeichnet. Da verwende ich persönlich für natürliche Lebens- und Heilmittel lieber den durch Pierre-Louis Vermot-Petit-Outhenin geprägten Begriff «Living food». Living food sind für mich Grüner Tee, Sprossen, Olivenöl extra nativ, Spirulina Algen, Blütenpollen usw.

SPROSSEN SIND SONNENKOST

Sprossen gehören wie Obst, Gemüse, Salate, Kräuter, kaltgepresste und unraffinierte Öle sowie natürliche Süßmittel (Honig, Birnendicksaft) zu den natürlichsten und damit gesündesten Lebensmitteln. Schon Dr. Bircher-Benner hat mit seiner Rohkost zahlreiche Krankheiten geheilt. Er bezeichnete seine Ernährungsform als Sonnenkost. Innerhalb der Sonnenkost nehmen die Sprossen eine Sonderstellung ein. Dank ihrer komplexen, weil lebendigen Spiralstruktur können sie kosmisches Licht umwandeln und wieder freisetzen. Die in den Sprossen enthaltenen Enzyme und das Chlorophyll (Lichtenergie) sind sogenannte lebende Makro-Moleküle. Chlorophyll wird mit Hilfe des Lichtes in den grünen Blättern produziert; es aktiviert unsere Selbstheilungskräfte und stärkt damit unser Immunsystem.

CHINA IST DIE HEIMAT DER SPROSSEN

In China kennt man die Sprossen als begehrtes Nahrungs- und Heilmittel seit über 5000 Jahren. Vor allem Mungosprossen wurden als Medizin bei Ödemen, Muskelzerrungen, Haarproblemen und Hautunreinheiten, zur Linderung von Krämpfen sowie zur Belebung, Stärkung und Entgiftung empfohlen. In der traditionellen chinesischen Medizin (TCM) spielt die Ernährung als Teil eines Ganzen eine wichtige Rolle; und so waren Sprossen auch für die Chinesen wichtig und unentbehrlich.

VON INKAS, AZTEKEN ... UND SEEFAHRERN

Die Inkas und die Azteken nutzten die Kraft der Sprossen genauso wie die Hunzas, die legendären Hundertjährigen, im Himalayagebiet. Aber auch in der westlichen Welt wurden sie von den Seefahrern und Phöniziern als Nahrungsquelle geschätzt. Captain James Cook konnte damit bei seiner Weltumsegelung (1772–1775) erfolgreich der gefürchteten Seefahrerkrankheit «Skorbut» (Vitamin-C-Mangel-Erkrankung) vorbeugen. Er hatte auf seiner Reise keinen einzigen Skorbut-Fall zu beklagen. Die Matrosen bekamen als Nahrungsergänzung ein Malz aus gesprossten Bohnen.

Auch in der alten indischen Hochkultur stoßen wir auf das Wissen von der großen Heilkraft der Sprossen. Die indischen Soldaten bekamen während des Afrikanischen Krieges zur Vorbeugung gegen Skorbut ein Bier aus Hafer, Bohnen und Linsensprossen, während die britischen Soldaten an den Folgen von Skorbut starben. Ein Arzt aus früheren Zeiten attestierte den Sprossen, das wertvollste und zugleich billigste Heilmittel gegen Skorbut zu sein. Er bemerkte in diesem Zusammenhang, dass Bohnensprossen (Mungobohnen) viel wirksamer als Zitronensaft seien.

Auch wenn wir Skorbut nicht mehr zu fürchten brauchen, das Vitamin C bleibt ein «Allrounder-Vitamin». Zu erwähnen ist insbesondere seine Funktion als Antioxidant gegen freie Radikale. Freie Radikale begünstigen u. a. die Entstehung von Krebs und beschleunigen die Hautalterung. Heute werben Kosmetikfirmen mit Zusätzen von Vitamin E für ewige Jugend. Wenn Sie täglich Sprossen essen, werden Sie garantiert ausreichend mit Vitamin E versorgt.

ESSENER-BROT

Die Essener, die zu Christi Zeiten in Palästina gelebt haben, nutzten die Kraft der Sprossen als Nahrungsmittel. Aus Sprossen stellten sie Brot her, das Essener-Brot. In der Schweiz ist ein sogenanntes Essener-Brot der Firma Soyana unter dem Namen «Keimbrot» im Verkauf, erhältlich ist es in Reformhäusern und Bioläden. Das Keimbrot wird aus biologischen Weizensprossen und energetisiertem Wasser, ohne Hefe und Salz, hergestellt. Bei der Brotherstellung werden die Sprossen bei niedriger Temperatur erhitzt, so dass der Vitalstoffverlust sehr gering bleibt. Das Brot bekommt durch den Abbau der komplexen Kohlenhydrate zu Maltose einen leicht süßlichen Geschmack und wird dadurch auch leicht verdaulich. Man kann das gesunde Nahrungsmittel aber auch ohne viel Zeitaufwand selber herstellen (Rezept Seite 54).

SPROSSEN IN DER TIERHEILKUNDE

Im Gegensatz zur Humanmedizin nutzt man den hohen Wert der Sprossen in der Veterinärmedizin schon seit einiger Zeit. Sie werden als Intensivkost vor besonderen Leistungen und bei Krankheit als Aufbaukost verabreicht. Sprossen haben zudem eine positive Wirkung auf die Keimdrüsen und die Fruchtbarkeit. In den USA werden mit Erfolg Rinder bei Unfruchtbarkeit mit gekeimtem Getreide behandelt. An der Chicago University kam man zum Schluss, dass eine Ernährung ausschließlich aus gekeimten Bohnen, Samen und Körnern lebenserhaltend sei.

SPROSSEN SIND HOLISTISCHE LEBENSMITTEL

Das Wissen um den Gesundheitswert der Sprossen wird laufend aktualisiert. Auch wenn es noch viele Geheimnisse rund um die Sprossen gibt, gilt sicher das Nachfolgende: Die Summe der Inhaltsstoffe ist um ein x-faches größer als die Addition der Einzelteile. Und Sprossen wirken eben ganzheitlich, d. h. holistisch. Sprossen haben nebst den wertvollen Inhaltsstoffen noch weitere nicht zu unterschätzende Vorteile:

- Sprossen werden ohne Wachstumsförderer (Düngemittel) produziert.
- Sprossen sind frei von Pestiziden.
- Sprossen sind frei von Konservierungs- und Zusatzstoffen.
- Sprossen sind nicht bestrahlt.
- Sprossen sind nicht genmanipuliert.

SPROSSEN UND IHRE WIRKUNGSWEISE

stärken	stimulieren	vorbeugen	verjüngen
Lebensmittel	**Gewürz**	**Heilmittel**	**Körperpflege**

SPROSSEN SIND PFLANZENNAHRUNG

- ◆ Sprossen wachsen in jedem Klima.
- ◆ Sprossen sind in 1 bis 5 Tagen «genussreif».
- ◆ Sprossen können jederzeit «gepflanzt» werden.
- ◆ Sprossen brauchen weder Erde noch Sonne; Licht genügt.
- ◆ Sprossen produzieren keinen Abfall.
- ◆ Sprossen sind leicht verdaulich.
- ◆ Sprossen sind preiswert.
- ◆ Sprossen sind kalorienarm, jedoch vitalstoffreich.
- ◆ Sprossen sind reich an hochwertigem pflanzlichem Eiweiß.
- ◆ Sprossen haben sich seit Jahrtausenden als Nahrungs- und Heilmittel bewährt.

Fazit

Sprossen sind aus gesundheitlicher, kulinarischer und wirtschaftlicher Sicht
unverzichtbar und unbezahlbar.

DAS SPRIESSEN IST KOMPLEXE «CHEMIE»

◆ Durch das Sprießen verbessert sich die Bioverfügbarkeit des Ausgangsproduktes, d. h. der Organismus kann eine ganze Reihe von Substanzen besser aufnehmen und verwerten.

◆ Durch das Sprießen kommt es zu einer markanten Zunahme der Inhaltsstoffe wie Vitamine, Mineralstoffe, Spurenelemente und Enzyme sowie krebshemmender Stoffe (z. B. Sulforaphan). Siehe Kapitel Neusynthese.

◆ Der Eiweißgehalt erhöht sich um über 20%. Die Eiweißqualität wird verbessert, da das komplette Eiweiß in Aminosäuren zerlegt wird.

◆ Die essentiellen, d. h. lebenswichtigen Aminosäuren nehmen auf das 5fache zu.

◆ Die Kohlenhydrate werden zu Einfach- und Zweifachzucker abgebaut. Es entsteht ein Produkt, das im Stoffwechsel rasch in Energie umgewandelt werden kann.

◆ Sprossen sind leichter verdaulich als das Ausgangsprodukt, z. B. das komplexe Getreidekorn oder die Hülsenfrucht, die bei vielen Menschen immer wieder zu Blähungen führt. Durch den Umwandlungsprozess findet bis zu einem gewissen Grad eine «Vorverdauung» statt.

**Sprossen sind eines der vollkommensten Lebensmittel,
das dem Menschen zur Verfügung steht.**

VITAMINSYNTHESE DANK KEIMPROZESS

Während des Keimvorgangs kommt es nebst anderen wichtigen Prozessen auch zu einer Neusynthese der Vitamine. Nachfolgend als Beispiel die Mungobohne:

Vitamin A	+ 208%
Vitamin B_1	+ 285%
Vitamin B_2	+ 515%
Vitamin B_3	+ 256%
Vitamin C	unbegrenzt

Beim Sprießen von Getreide nimmt der Vitamingehalt zwischen 50% bis 600% zu. Beim Weizenkorn hat sich der Vitamin-E-Gehalt nach einer Keimzeit von 4 Tagen um rund 300% erhöht.

SPROSSEN SIND EINE GIGANTISCHE VITAMINQUELLE

Vitamine sind lebenswichtig. Trotz intensiver Forschung kann der Vitaminbedarf des Menschen immer noch nicht genau beziffert werden. Die Empfehlungen von Fachleuten liegen so weit auseinander, dass sie kaum Aussagekraft haben. In einem sind sich die meisten Fachleute einig, der Bedarf steigt bei Stress, Lärm, Ärger, Ängsten, aber auch bei denaturierter Nahrung, bei Krankheit und Rekonvaleszenz sowie bei Einnahme von Medikamenten.

Der Organismus ist ein wichtiger Katalysator für zahlreiche Stoffwechselprozesse. Fehlen bestimmte Vitamine oder sind sie nur in ungenügender Menge vorhanden, hat das Auswirkungen auf den ganzen Stoffwechsel. Vitamine, vor allem Vitamin C, sind wichtig für die Ausscheidung von Giftstoffen. Sprossen bieten sich als natürliche, preisgünstige Quelle der Vitamine an: Vitamin A, B_1, B_2, B_{12}, C und E sowie Niacin und Biotin.

WEIZENKORN UND WEIZENSPROSS IM VERGLEICH

pro 100 g	Weizenkorn	Weizenspross
Eiweiß	11,7 g	26,6 g
Kohlenhydrate	61,0 g	48,3 g
Faserstoffe	10,3 g	20,0 g
Mineralstoffe	1,8 g	4,2 g
Magnesium	145,0 mg	250,0 mg
Eisen	3,0 mg	8,0 mg
Kalzium	45,0 mg	70,0 mg
Zink	4,0 mg	12,0 mg
Vitamin B_1	0,48 mg	2,01 mg
Vitamin B_2	0,14 mg	0,72 mg
Vitamin B_6	0,44 mg	3,3 mg
Vitamin B_{12}	0,0 mg	0,002 mg
Lysin	380,0 mg	1900,0 mg

MINERALSTOFFQUELLEN IM VERGLEICH

pro 100 g	Kalzium	Magnesium	Eisen
Alfalfasamen	1,2 mg	4,2 mg	9,0 mg
Alfalfasprossen	218,0 mg	435,0 mg	12,0 mg
Spinat	91,0 mg	91,0 mg	3,3 mg
Eisbergsalat	19,0 mg	12,0 mg	0,5 mg

DAS VITAMIN B$_1$ IST NAHRUNG FÜR DIE NERVEN

Aufgrund ihres hohen Vitamin-B-Gehalts sind Sprossen die Gehirn- und Powernahrung bei Stress und körperlicher Anstrengung. Die Vitamine der B-Gruppe machen uns nicht nur stark und leistungsfähig, sie beruhigen auch die Nerven. Achtung: Bei denaturierter Kost und Genussmitteln (Koffein, Alkohol und Nikotin) steigt der Bedarf an Vitamin B$_1$. Wenn dieses Vitamin in der täglichen Ernährung fehlt, beginnt ein eigentlicher Teufelskreis, da die anderen Vitamine des B-Komplexes nur noch unzureichend verarbeitet werden können. Ein Tipp an Eltern und Lehrer: Kultiviert mit Euren Sprösslingen Sprossen, das macht Spaß und fördert die Leistung. Sprossen gehören bei geistiger Arbeit auf jedes Pausenbrot.

SPROSSEN SIND EINE GUTE VITAMIN-B$_{12}$-QUELLE

Das Vitamin B$_{12}$ ist ein lebenswichtiges Vitamin, das in tierischen Lebensmitteln vor allem in Milchprodukten vorkommt. In Ernährungskreisen wird immer wieder diskutiert, ob eine vegetarische Ernährung, die auch auf Milchprodukte verzichtet, nicht zu einer Unterversorgung mit Vitamin B$_{12}$ führen kann. Dieses Vitamin wird zum Aufbau der roten Blutkörperchen benötigt; bei Mangel kommt es zu Blutarmut. Wer regelmäßig Sprossen isst und vielleicht auch noch ab und zu Spirulina-Algen, bekommt mehr als genung Vitamin B$_{12}$. Reich an Vitamin B$_{12}$ sind vor allem Sprossen von Alfalfa, Kichererbsen, Linsen und Mungobohnen. Auch fermentierte Sojasauce, Kanne-Brottrunk, milchsauer vergorenes Gemüse wie Sauerkraut, Hefe, Miso, Hülsenfrüchte und Grüntee sind gute Quellen.

Russische Wissenschaftler haben das Vitamin B$_{12}$ auch im Beinwell und in der Petersilie entdeckt. Zudem wird das Vitamin B$_{12}$ auch in einer gesunden Darmflora gebildet. Vergessen wir nicht, dass der Stoffwechsel ein äußerst komplexes «chemisches Gebilde» ist, das nur dank dem Zusammenspiel der verschiedensten Komponenten funktioniert. Fehlt zum Beispiel das Magnesium – Sprossen enthalten auch reichlich Magnesium –, kann das Vitamin B$_{12}$ nicht resorbiert werden.

VERFÜNFFACHUNG DES VITAMINS B$_{12}$ BEIM SPRIESSVORGANG

Linsen (pro kg)	
Samen (vor dem Keimen)	0,43 mg
am 2. Sprießtag	0,42 mg
am 4. Sprießtag	2,37 mg

SPROSSEN ELIMINIEREN DIE FREIEN RADIKALE

Industrielle Chemikalien, Lösungsmittel, Lebensmittelzusatzstoffe, Luftverschmutzung, Medikamente und Drogen, Pflanzenschutzmittel in Lebensmitteln, Zigarettenrauch usw. sind Quellen freier Radikale (Oxidantien). Freie Radikale schwächen unser Immunsytem, sie berauben uns der Vitalität und Leistungskraft und machen uns anfällig für zahlreiche Zivilisationskrankheiten, u. a. auch für Krebsleiden. Gegenspieler dieser krankmachenden Stoffe sind Antioxidantien, die in gesunden Nahrungsmitteln recht zahlreich vorkommen. Zu diesen gesunden Nahrungsmitteln zählen auch die Sprossen; sie sind Träger aller als Antioxidantien bekannten Vitamine. Die Antioxidantien gewinnen aufgrund der Umweltsituation laufend an Bedeutung. Man ist gut beraten, sich gegen die schädlichen Umwelteinflüsse zu schützen: Essen Sie also täglich Sprossen.

ENZYME – KATALYSATOREN FÜR DEN KÖRPER

Enzyme sind Zündstoffe des Lebens, sie spielen als Biokatalysatoren in allen lebendigen Prozessen eine wichtige Rolle. Sprossen, aber auch Grünkraut und Rohkost, sind unter den Lebensmitteln die größten und wichtigsten Enzymträger. Die Enzyme sind hitzeempfindlich; durch den täglichen Verzehr von Sprossen können wir allfällige Verluste problemlos kompensieren.

Enzyme beugen vorzeitiger Alterung vor, sie vermeiden Schäden oder Komplikationen nach Krankheiten, sie fördern die Verdauung, sie entgiften und entschlacken den Körper, sie steigern die körpereigene Abwehr, sie beugen Herz- und Gefäßerkrankungen vor. Die Enzyme schließen die Nahrung auf und machen damit die Resoportion von Vitaminen, Mineralstoffen und Spurenelementen erst möglich. Ohne Enzyme kein Leben!

Die Enzyme werden sehr breit erforscht, um ihre vielfältigen Wirkungen für die Gesundheit noch besser nutzen zu können. Man kennt rund 6000 Enzyme, davon genauer erforscht sind bis heute 3 bis 4 %, also 200 Enzyme. Man ist zuversichtlich, mit Enzymtherapien im kommenden Jahrtausend zahlreiche Krankheiten heilen zu können.

Wer nun aber glaubt, die Enzymtherapie sei eine Erfindung der Neuzeit, der irrt. Schon die Indianer und auch die Ägypter nutzten diese Biokatalysatoren in der Heilkunde. Viele Enzyme können sich nur in einem basischen Milieu entfalten. Es ist deshalb wichtig, dass wir vollwertige Produkte denaturierten Produkten vorziehen, Fleisch und Milchprodukte mit Maß verzehren und viel Frischkost, dazu zählen auch die Sprossen, in den Speiseplan einbauen. Mit diesen Maßnahmen können wir auf Ernährungsseite einer Übersäuerung vorbeugen.

Bedarf und Vorkommen wichtiger Vitalstoffe

	Bedarf pro Mahlzeit	Alfalfa-sprossen	Kopfsalat	Spinat	Lachs	Schinken, roh	Orangenjus	Apfel, frisch
Vitamin A								
Vitamin D								
Vitamin E								
Vitamin K								
Vitamin B$_1$								
Vitamin B$_2$								
Vitamin B$_6$								
Vitamin B$_{12}$								
Panthothens								
Biotin								
Folsäure								
Vitamin C								
Kalzium								
Magnesium								
Phosphor								
Eisen								

SPROSSEN FÜR GESUNDE UND KRANKE

◆ Zu Hause: Sprossen sind eine gesunde Alltagskost für die ganze Familie. Sprossen sind ein natürliches Aufbaumittel für Sportler, Schwangere, Rekonvaleszente, aber auch für Babys und Kleinkinder.

◆ Restaurants: Zur Abrundung von Speisen, optisch und geschmacklich.

◆ Personalrestaurants/Kantinen: Sprossen fördern die Gesundheit und die Leistungskraft der Mitarbeiter.

◆ Schule: Mit den Kindern Sprossen ziehen ... und genießen (Pausenbrot).

◆ Kliniken/Spitäler/Heime: Sprossen unterstützen den Heilungsprozess, sie stärken und vitalisieren. Sprossen bereichern die Mahlzeiten. Sprossen sind ein aktiver Beitrag zur Senkung der Kosten im Gesundheitswesen. Sprossen können auch eine erzieherische Wirkung haben; in der Klinik kennenlernen ... zu Hause in die tägliche Ernährung einbauen.

GERÄTE FÜR DIE HÄUSLICHE SPROSSENKULTUR

Das einfachste Gerät für die Sprossenzucht ist ein normales Einmachglas mit Schraubverschluss. Der Deckel kann durch ein giftfreies Gazetüchlein/Mulltüchlein ersetzt werden, oder man bohrt ein paar Löcher in den Deckel. Im Naturkosthandel gibt es auch spezielle Sprossengläser (Eschenfelder).

Nebst den Gläsern gibt es im Handel verschiedene Kultivatoren und Sprossgeräte. Vor Kauf sind die folgenden Faktoren zu beachten:

◆ Sprossenmenge; wie viel Sprossen sollen aufs Mal produziert werden können?
◆ Haltbarkeit der Sprossen
◆ Hygiene/Reinigung des Gerätes
◆ Benutzerfreundlichkeit
◆ Langlebigkeit beziehungsweise Qualität des Gerätes
◆ Preis des Gerätes

Kultivator aus Ton

Ton ist ein Naturmaterial, das häufig für die Herstellung von Sprossgefässen verwendet wird. Ich verzichte auf Tongefässe aus hygienischen Gründen. Wenn sie nicht regelmäßig gründlich mit Essigwasser gereinigt werden, können sich im porösen Material Schadstoffe des Stoffwechselprozesses sammeln und es kommt beim Keimgut rasch zu Schimmelbildung.

Kultivator aus Keramik

Gute Sprossresultate habe ich mit statischen Behältern aus Sinterkeramik erzielt. Diese haben gegenüber dem porösen Ton den Vorteil, dass sie hygienischer sind; sie können auch im Geschirrspüler gewachsen werden. Als Nachteil erweist sich die bei Alterung bildende Patina, die eine gründliche Reinigung erschwert. Da die Sprossen im Dunkeln keimen, kann kein Chlorophyll gebildet werden, zudem kann das Sprossgut nicht bewegt werden. Das Chlorophyll-Defizit kann aber problemlos aufgewogen werden, wenn man die Sprossen vor Verzehr einen halben bis einen Tag am Licht stehen lässt. Ich habe zudem die Sprossen täglich auf einem Sieb gut durchgespült, womit eine übermäßige Wurzelbildung verhindert werden konnte.

Biosnacky

Mit dem Biosnacky (Kunststoffschalen) habe ich nicht nur gute Erfahrungen gemacht. Er muss regelmäßig gründlich mit Essigwasser gereinigt werden, damit sich in den Rillen keine Bakterien einnisten, die beim Keimgut zu unerwünschter Schimmelbildung führen können. Außerdem bilden sich durch die statische Produktion mehr Wurzeln, was auch nicht erwünscht ist.

Mana-Kultivator aus Kunststoff

Ich habe mit diesem Kultivator aus Edelkunststoff (Bezugsquelle Seite 109) sehr gute Erfahrungen gemacht. Erhältlich sind drei verschieden große Behälter (1 Liter, 2 Liter und 3,2 Liter), die einfach zu handhaben und leicht zu reinigen sind. Die Sprossenqualität ist besser und die Sprossenquantität größer als bei Verwendung von Behältern aus Glas. Edelkunststoff ist wärmer als Glas und wirkt statisch, mit dem Resultat, dass die jungen Sprossen besser mit Sauerstoff versorgt werden. Ideal sind ebenfalls die drei Größen bei Zucht verschiedener Sprossen: z. B. das 1-Liter-Glas für Getreide und Hülsenfrüchte, das 2-Liter-Glas für Zwiebeln-, Fenchel- und Koriandersprossen, das 3,2-Liter-Glas für alle Grünblattsprossen wie Alfalfa, Brokkoli, Chinakohl, Rettich, ganze Sonnenblumenkerne usw. Kultivatoren für Betriebe, Restaurants usw., siehe Seite 109.

Dynamische oder statische Sprossenproduktion

Aus hygienischen Gründen kann nur die dynamische Kultivation (mit Bewegung) empfohlen werden. Die statische Kultivation (Schale, Kuchenblech, Tuch, Watte) produziert zu hohe Bakterienwerte.

Mana-Kultivatoren aus Kunststoff

ANLEITUNG FÜR DIE SPROSSENZUCHT

1. Tag – Abend

Samen, z. B. 1-2 gestrichene Esslöffel Alfalfasamen in etwa ½ l Wasser eine Nacht (siehe auch Sprossentabelle, Seite 25) bei Raumtemperatur im Sprossenkultivator einweichen.

2. Tag – Morgen

Einweichwasser abgießen und als wertvolles Gießwasser für die Pflanzen verwenden. Von manchen Samen/Kernen darf das Einweichwasser auch getrunken werden, z. B. von Alfalfa, Sonnenblumen oder Bockshornklee. Samen durch den Gewebefilter/ Deckel unter fließendem handwarmem Wasser gut spülen. Das Glas schräg mit der Öffnung nach unten stellen, damit das Restwasser abfließen und Sauerstoff einströmen kann.

Spülen bis zur Ernte

Täglich morgens und abends, im Sommer auch mittags. Ein Sprossenfachmann meinte einmal: Die Sprossen sind wie Kinder, sie brauchen Pflege, Liebe und Fürsorge. Ihre Gesundheit sollte Ihnen den täglichen Zeitaufwand zum Spülen wert sein; die Arbeit kann auch eine Naturmeditation sein. Schon das Ziehen der Sprossen kann heilend sein. Viele Menschen sprechen mit ihren Pflanzen. Sprossen sind junge Pflanzen und das Sprechen beeinflusst das Wachstum positiv.

Grünung der Blättersprossen (Chlorophyllbildung)

Für Alfalfa und Mischungen mit Alfalfa sowie Rettich und Chinakohl gilt: Sobald sich die Samenhülsen lösen, Sprossenkultivator zur Grünbildung der Blättchen ins Licht stellen (Fensternähe ohne direktes Sonnenlicht).

Enthülsungsbad für Blättersprossen

Das Entfernen der Hülsen verlängert die Haltbarkeit der Sprossen und verfeinert den Geschmack. Sprossen in einer großen Schüssel in handwarmem Wasser baden. Schwimmende Samenhülsen entfernen und die Sprossen zum Abtropfen in ein Sieb geben und ca. 2 Stunden mit einem Tuch bedeckt trocknen lassen.

Für die Sprossenzucht braucht es eine Raumtemperatur von etwa 20 °C.

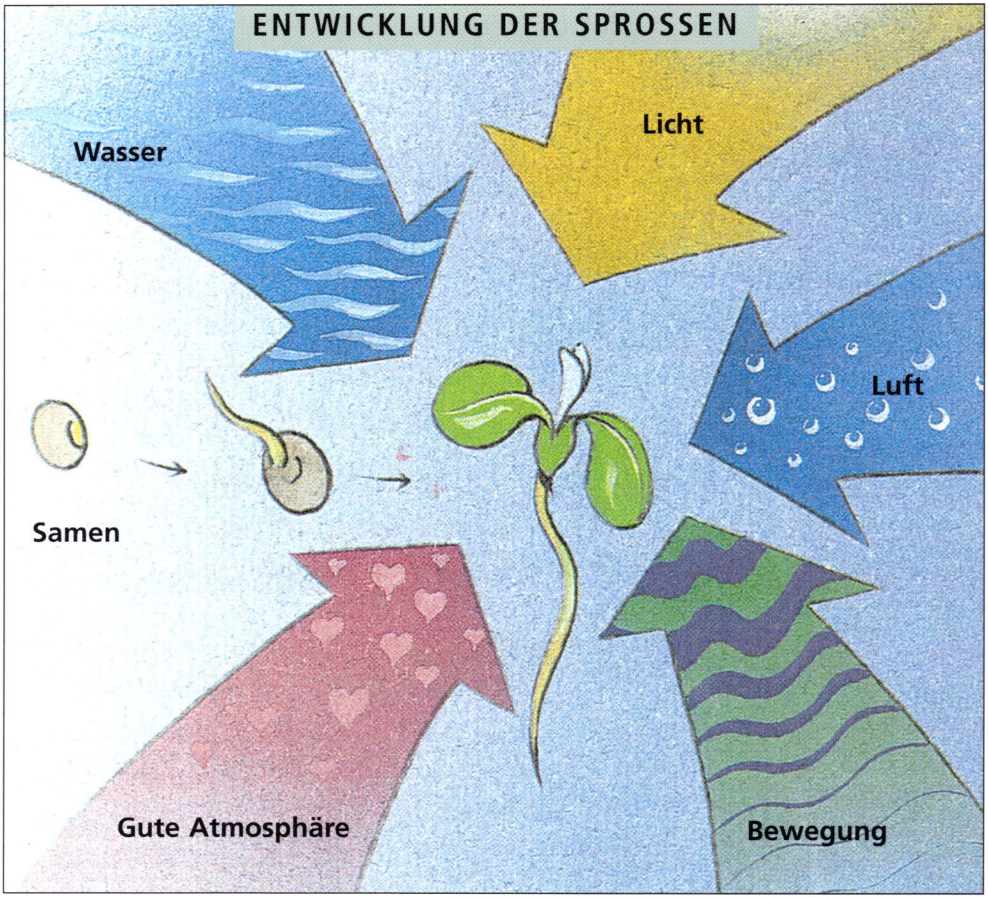

ENTWICKLUNG DER SPROSSEN

Wasser

Licht

Luft

Samen

Gute Atmosphäre

Bewegung

WAS EIGNET SICH FÜR DIE SPROSSENZUCHT?

◆ Ungeschältes Getreide, das nicht chemisch behandelt oder bestrahlt worden ist und Bio-Getreide mit Demeter- oder Knospe-Signet: z. B. Buchweizen, Dinkel, Hirse, Roggen, Weizen, Sprießkornhafer, Sprießkorngerste, Quinoa u. a.

◆ Samen: Alfalfa, Brokkoli, Chinakohl, Cima di Rapa, Fenchel, Hanf, Koriander, Kresse, Leinsamen, Rettich, Rucola, Senf, Sesam, Zwiebeln.

◆ Kerne: Erdnüsse, Kürbiskerne, Sonnenblumenkerne.

◆ Hülsenfrüchte (Leguminosen): Bockshornklee, Kichererbsen, Linsen, Mungo-bohnen u.a.

SPRIESSZEIT UND PFLEGE

Produkt	Einweichzeit	Sprießzeit	Spülen
Alfalfa	6–12 Std.	4–5 Tage	2 x
Bockshornklee•	6–12 Std.	2–7 Tage	2 x
Brokkoli•	6–12 Std.	3–4 Tage	2 x
Buchweizen, ungeschält	6 Std.	5–7 Tage	2 x
Buchweizen, geschält	6–12 Std.	2 Tage	2 x
Chinakohl•	6–12 Std.	3–4 Tage	2 x
Cima di Rapa•	12 Std.	3–4 Tage	2 x
Dinkel	6–12 Std.	3 Tage	2 x
Erdnuss	12 Std.	2–4 Tage (21 °C)	——
Fenchel•	3 Std.	9–12 Tage	ab 4. Tag alle 2 Tage 1 x
Gerste, Sprießkorn-	6 Std.	3 Tage	2 x
Hafer, Sprießkorn-	2–3 Std.	2–3 Tage	2 x
Hanf*	6–12 Std.	2–3 Tage	2 x
Hirse	6–12 Std.	1–3 Tage	2 x
Kichererbsen	12 Std.	2–3 Tage	2 x
Koriander*	3 Std.	9–12 Tage	ab 4. Tag alle 2 Tage 1 x
Kresse*	12 Std.	4–5 Tage	2 x
Kümmel*	3 Std.	9–12 Tage	ab 4. Tag alle 2 Tage 1 x
Kürbiskerne	6–12 Std.	2 Tage	2 x
Leinsamen*	6 Std.	1–2 Tage	1 x
Linsen, braun, groß	12 Std.	2–3 Tage	2 x
Linsen, grün, klein	12 Std.	2–3 Tage	2 x
Mungobohnen (in warmes Wasser einlegen)	12–24 Std.	4 Tage	1–2 x
Rettich•	6–12 Std.	3–5 Tage	2 x
Roggen	6–12 Std.	2–3 Tage	2 x
Rucola*	6–12 Std.	4–5 Tage	ab 4. Tag täglich 2 x
Senf*	——	4–5 Tage	2 x
Sesam, ungeschält	3–6 Std.	1–2 Tage	2–3 x
Sonnenblumenk., geschält	6–12 Std.	1–2 Tage	2 x
Sonnenblumenkerne, ganz	6–12 Std.	7–9 Tage	2 x
Weizen	6–12 Std.	2–3 Tage	2 x
Zwiebeln	3 Std.	9–12 Tage	alle 2 Tage 1 x

* Für gute Sprießresultate mit Alfalfa mischen; Verhältnis 1:9, also 10% Senfsamen und 90% Alfalfasamen.

• Können mit Alfalfa oder untereinander gemischt werden.

Spülen: Im Sommer die Sprossen nach Möglichkeit auch mittags spülen.

SPROSSEN – VON EINFACH BIS SCHWIERIG

einfach	schwierig	weniger zu empfehlen	ideale Mischungen
Alfalfa	Dinkel	Hirse	Weizen und Roggen
Bockshornklee	Fenchel	Kürbiskerne	Mungobohnen und Bockshornklee
Buchweizen, geschält	Koriander	Sesam	
Chinakohl	Leinsamen		Alfalfa und Chinakohl
Kichererbsen	Senf		Alfalfa und Kümmel und Fenchel
Linsen	Sonnenblumenkerne, geschält		Alfalfa und Rucola
grüne Mungobohnen	Rucola		Linsen und Kichererbsen
Rettich			
Sonnenblumenkerne, ganz			Weizen und Dinkel und Bockshornklee
Sprießkorngerste			Rettich und Chinakohl und Bockshornklee
Sprießkornhafer			
Weizen			

einfach: auch für Einsteiger geeignet

schwierig: für Einsteiger weniger geeignet

weniger zu empfehlen: selbst für Geübte schwierig

Das Angebot an Sprosssaatgut wächst ständig. Auch Mischungen sind erhältlich. Sie können selbstverständlich auch Ihre eigenen Mischungen zusammenstellen.

Wenn man scharfe Samen wie Rettich oder Senf, die reich an ätherischem Öl sind, mit anderen Samen mischt, kann eine Schimmelbildung verhindert werden.

Achtung: Stets unbehandeltes Saatgut verwenden. Gartensamen sind häufig chemisch behandelt. Eine große Auswahl an guten und an Bio-Samen finden Sie im Reformhaus und im Bioladen, in der Drogerie mit Reformabteilung, in Öko-Supermärkten und im Versandhandel (Seite 109).

DER RICHTIGE ERNTEZEITPUNKT

Sprossen sind zwischen dem 2. und 7. Tag am nahrhaftesten (in den meisten Fällen ist es der 3. Tag). Zwiebeln, Koriander und Fenchel brauchen 9 bis 12 Tage. In dieser Wachstumsphase enthalten die Sprossen am meisten Vitalstoffe. Später werden die Nährstoffe vom Spross für das Pflanzenwachstum gebraucht, weshalb der Vitalstoffgehalt wieder abnimmt.

SPROSSEN AUFBEWAHREN

Genussreife/essfertige, gut abgetropfte Sprossen können in Frischhaltedosen oder Plastikbeuteln mit Löchern ohne weiteres eine Woche (teilweise auch länger) im Kühlschrank aufbewahrt werden. Vor Gebrauch können die Sprossen unter fließendem Wasser nochmals gut abgespült werden. Auf Fäulnis und Schimmel überprüfen!

WAS WURDE FALSCH GEMACHT?

Wenn das Saatgut schlecht sprießt, kann das viele Gründe haben:

- ◆ Das Saatgut ist behandelt worden (bestrahlt, chemisch behandelt).
- ◆ Das Saatgut ist zu alt.
- ◆ Das Saatgut ist beschädigt (Sprießgetreide).
- ◆ Im Kultivator war es zu trocken oder zu feucht.
- ◆ Die Samen können nicht sprießen, weil die Temperatur zu niedrig ist (ideal sind 20 °C).
- ◆ Die Samen faulen, weil sie zu nass sind oder die Belüftung schlecht ist (typisch bei stehender, also Produktion ohne Bewegung).
- ◆ Das Saatgut wurde zu lange eingeweicht.
- ◆ Im Kultivator hat es zu viel Saatgut, die Luftzirkulation ist dadurch ungenügend.
- ◆ Die Sprossen schimmeln; der Kultivator muss besser gereinigt werden und die Sprossen müssen täglich 2 bis 3 Mal mit kaltem Wasser abgespült werden.

GENUSSREIFE SPROSSEN KAUFEN

Die Sprossen erwachen langsam aus ihrem Dornröschenschlaf. Mit steigender Nachfrage werden bestimmt noch mehr Läden die Sprossen in ihr Sortiment aufnehmen. Erhältlich sind sie im Moment im:

- ◆ Bioladen
- ◆ Reformhaus
- ◆ Reformdrogerie mit Frischproduktesortiment
- ◆ Gemüseladen
- ◆ Großverteiler
- ◆ Spezialitätengeschäft
- ◆ beim Biobauern im Hofladen
- ◆ bei regionalen Produzenten

Postversand genussreifer Sprossen

Restaurants, Kantinen und Spitäler können in der Schweiz die Sprossen auch per Post beziehen. Zudem besteht die Möglichkeit, ein Sprossenpaket zu abonnieren: Sprossen fürs Leben, 6023 Rothenburg; Tel. und Fax 041/280 70 55

SAATGUT VON A – Z

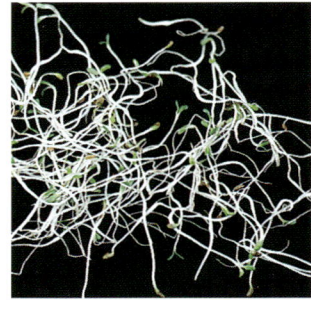

ALFALFA (LUZERNE)

Alfalfa, in Europa besser bekannt unter dem Namen Luzerne, wird bei uns vor allem als Futterpflanze und für die Gründüngung angebaut. Seine Heimat ist Asien. Alfalfa lässt sich in unsere Sprache so übersetzen: Gute Nahrung, aber auch Anfang, das Erste, Vater und Königin der Ernährung. Alfalfa ist für Babys nach der Muttermilch die beste erste grüne Nahrung; häufig wird das Kraut mit dem Kartoffelbrei vermengt. Moses soll seinem Volk bei der Wüstendurchquerung Alfalfa gegeben haben, wohlwissend, dass das Kraut alles für den Menschen zum Überleben Notwendige enthält. Alfalfa gilt auch als Nahrung des Himmels. Bei den Indianern war Alfalfa die unbestrittene Kraftnahrung. Sie aßen die Sprossen als Gemüse, die Samen mahlten sie zu Mehl und verarbeiteten dieses dann zu Brei und Brot. Stillenden wurde Alfalfa für die Milchbildung empfohlen.

Alfalfasprossen enthalten rund 40 % Eiweiß und wenig Fett, zudem sind sie reich an Vitamin C, Mineralstoffen und lebenswichtigen Aminosäuren. Diese Inhaltsstoffe verbessern nicht nur den Milchfluss bei Stillenden, sie regen auch den Stoffwechsel an, unterstützen die Entgiftung des Organismus und stärken das Immunsystem. Bei Rheumakranken lindern sie die Schmerzen. Eine Tasse Sprossen enthält gleich viel Vitamin C wie 1 Liter Orangensaft. Der Vitamin-B_2-Gehalt nimmt innerhalb von 4 Tagen um 1000% zu. Hervorzuheben sind auch das Vitamin B_{12} und das Kalzium. Alfalfasprossen enthalten rund 200 Mal mehr Kalzium als Brot und sind damit auch ein ideales Nahrungsmittel in der Prophylaxe von Osteoporose. 100 g Alfalfasprossen decken den täglichen Kalziumbedarf eines Erwachsenen.

Leider gibt es auch Menschen, die auf Alfalfasprossen allergisch reagieren. Das ist immer ein Zeichen für zu viele Giftstoffe im Organismus. Hier bietet sich eine Kur (1 bis 6 Wochen) mit Bockshornkleesprossen an.

Alfalfasamen sprießen rasch und problemlos. Häufig weden sie für bessere Sprießresultate mit schwierigerem Saatgut gemischt. Im Geschmack sind die Sprossen mild-würzig. Sie sind in der Küche die vielseitigsten Sprossen überhaupt und können in Kombination mit Kräutern oder als Ersatz dafür verwendet werden.

 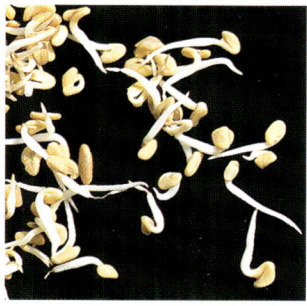

BOCKSHORNKLEE

Der Bockshornklee ist eine Hülsenfrucht. In Indien, seiner Heimat, ist er unverzichtbare Würze für viele Speisen. Bockshornklee ist übrigens wichtiger Bestandteil jeder Currymischung. In der ayurvedischen Küche gilt er als Aphrodisiakum. Die etwas bitter schmeckenden Sprossen regulieren den Hormonhaushalt. Es sind sogar Fälle bekannt, in denen der regelmäßige Sprossenverzehr Frauen zum lang ersehnten Mutterglück verholfen hat. Bockshornkleesprossen sind zudem gut für die Reinigung und Entgiftung von Leber und Nieren und können deshalb für den täglichen Verzehr sehr empfohlen werden. Für eine Entgiftungskur nimmt man am besten täglich einige Esslöffel der Sprossen während 4 bis 6 Wochen. Eine Begleiterscheinung ist eine nach Curry riechende Schweißabsonderung in den Achselhöhlen, vor allem nachts. Diese Reaktion ist durchaus erwünscht und zeigt, dass die Entgiftung eingesetzt hat. Menschen mit häufiger depressiver Verstimmung ist diese Kur ebenfalls zu empfehlen. In dem Maß wie der Organismus entgiftet und entlastet wird, hellt sich auch die Stimmung auf. Auch bei Diabetes sollten vermehrt Bockshornkleesprossen verzehrt werden.

Wie alle Hülsenfrüchte enthält der Bockshornklee reichlich Eiweiß (ca. 29%). Vegetarier sollten sie täglich auf den Speiseplan setzen. Zudem sind die Sprossen eine gute Quelle bei Eisenmangel, bei Stillenden fördern sie die Milchbildung.

Bockshornkleesprossen zählen zusammen mit den Alfalfasprossen und den Mungosprossen zu den beliebtesten Sprossen. Wenn man sich einmal an den etwas ungewohnten, weil bitteren Geschmack gewöhnt hat, möchte man diese einfach zu kultivierenden Sprossen nicht mehr missen. Die Bitterstoffe sind übrigens hauptverantwortlich für die gute Leberwirkung. Nach 7 Tagen Sprießzeit schmecken die Sprossen weniger bitter.

BROKKOLI

Brokkolisprossen sind bei uns noch wenig bekannt. In den USA haben sie Hochkonjunktur. Brokkolisprossen enthalten wie alle Kohlgewächse krebshemmende Stoffe wie z. B. das Sulforaphan; die Konzentration ist 20- bis 50fach höher als im reifen Gemüse. Im Geschmack sind Brokkolisprossen milder als Chinakohlsprossen. Erwähnenswert ist der hohe Kalziumgehalt, ebenso enthalten sie Natrium, Kalium, Phosphor, Eisen, Fluor, die Vitamine A, B_1, B_2, B_6, C, E und Niacin.

Brokkolisamen sprießen am besten zusammen mit Alfalfasamen. Auf gute Samenqualität achten.

BUCHWEIZEN

Der Buchweizen ist ein Knöterichgewächs und kein Getreide. Wir haben ihn den Tartaren und Türken zu verdanken. Seine Heimat sind Nepal und China. Die sehr anspruchslose Pflanze, die selbst auf magerem Boden gute Erträge bringt, wird häufig für Gründüngung und als Bienennahrung angebaut.

Der Buchweizen wärmt und stärkt. Von den Inhaltsstoffen sind vor allem Rutin und Lecithin zu erwähnen. Rutin verhindert die Zerstörung von Vitamin C durch Sauerstoff, es ist gut für die Gefäße. Anders als das Getreide enthält der Buchweizen ein komplexes Pflanzeneiweiß (ca.12%) und fast die doppelte Menge der essentiellen Aminosäure Lysin. Hinzu kommen die Mineralien Kalzium, Kupfer, Magnesium, Fluor und Eisen sowie Enzyme und Hormone.

Im Handel wird normalerweise geschälter Buchweizen angeboten. Im Gegensatz zum geschälten (spelzfreien) Getreide habe ich mit dem Buchweizen stets gute Sprießresultate erzielt. Mancherorts wird empfohlen, den Buchweizen zuerst in Wasser einzulegen, was ich als überflüssig erachte. Wenn man ihn trotzdem einweicht, dann höchstens 1 Stunde. Junge, maximal 2 Tage alte Buchweizensprossen haben ein feines, nussiges Aroma. Sie passen gut in ein Müsli, in einen Jogurt, in Fruchtsalat und zu Käse. Buchweizensprossen sind für den sofortigen Verbrauch bestimmt.

CHINAKOHL

Der Chinakohl kommt, wie der Name schon vermuten lässt, aus China. Entsprechend häufig werden die Sprossen in der chinesischen Küche verwendet. Aber auch bei uns finden diese eher noch unbekannten Sprossen täglich neue Anhänger, sei dies im Privathaushalt oder in der Gastronomie. Chinakohlsprossen sind weniger scharf als z. B. Rettichsprossen; sie schmecken nach Kohl und passen gut zu Wild, aber auch zu Salaten oder Kartoffelgerichten.

Chinakohlsprossen enthalten wie alle Kohlgewächse krebshemmende Stoffe (siehe Brokkoli). Weitere Inhaltsstoffe sind: Aminosäuren, Kalzium, Magnesium, Eisen, Fluor und Natrium sowie Vitamin A, B_1, B_2, Niacin und Vitamin C.

CIMA DI RAPA/STENGELKOHL

Der Stengelkohl ist ein typisch italienisches Gemüse. Ursprünglich war er ein Unkraut, heute wird er vor allem in den Regionen Kampanien und Apulien angebaut. In der Gastronomie ist Cima di Rapa hoch im Kurs; sie ist eine ideale Ergänzung zu Pasta. Cima di Rapa und Chinakohl haben einen ähnlichen Geschmack. Pasta, Cima-di-Rapa-Sprossen, Knoblauch und Olivenöl extra nativ waren schon für Julius Cäsar ein Gaumenschmaus.

Cima-di-Rapa-Sprossen enthalten wie alle Kohlgewächse krebshemmende Stoffe (siehe Brokkoli).

DINKEL

Der Dinkel, ein Vorfahre des Weizens, ist eines der ältesten und gesündesten Getreide. Der Dinkelanbau hatte auch in unseren Breitengraden eine lange Tradition, bis er aus wirtschaftlichen Gründen immer mehr vom Weizen verdrängt wurde.

Dem Dinkel werden große Heilwirkungen zugeschrieben. In den Schriften der heiligen Hildegard von Bingen (1098–1179) spielt er eine zentrale Rolle. So sollen Körner und Sprossen den Stoffwechsel ankurbeln und die Leber regenerieren.

Der Dinkel ist ein Spelzgetreide, d. h. das Korn bleibt beim Dreschen im Spelz eingeschlossen und muss durch einen zusätzlichen Arbeitsgang von der Spreu getrennt (geschält) werden. Für ein gutes Sprießresultat ist es wichtig, dass die Körner gut aussortiert und sorgfältig geschält, d. h. die Keimlinge unverletzt sind. Normalerweise ist das Sprießresultat besser, wenn die Körner mit Weizen und Roggen gemischt werden. Dinkelsprossen schmecken süßlich und passen sehr gut in einen Fruchtsalat, in ein Müsli, in ein Dessert und auch zu Käse. Dinkelsprossen immer jung verwenden, bei Lagerung werden sie mehlig.

ERDNÜSSE

Die Erdnüsse kennt man schon seit rund 5000 Jahren. In Afrika waren sie früher Sklavennahrung und die Sprossen gehörten zur täglichen Ernährung der Urbevölkerung auf dem schwarzen Kontinent.

Die Erdnusssprossen sind bei uns noch wenig bekannt. Das hat seinen Grund. Im Handel sind normalerweise nur geröstete Nüsse erhältlich und diese eignen sich nicht zum Kultivieren. Erdnusssprossen sind sehr aromatisch und ein gesunder Ersatz für Salznüsse und Chips. Für die Kinder sind sie eine ideale Zwischenverpflegung.

Erdnusssprossen enthalten reichlich Eiweiß (26%), ferner Kalzium, Kalium, Phosphor, Eisen, Fluor, Vitamin B_1, B_2, E, Niacin, B_6 und C.

 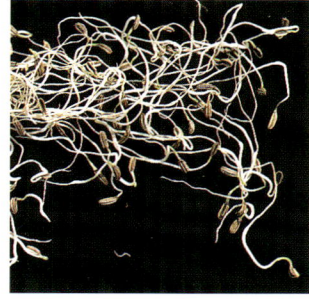

FENCHEL

Fenchelsamen werden für Kindertees und als universelles Heilmittel bei Magen- und Darmproblemen verwendet und für seelische Ausgeglichenheit empfohlen.

Fenchelsprossen enthalten reichlich Kalzium, Kalium, Phosphor, Magnesium, Natrium, Eisen, Vitamin A, E, B_1, B_2, Niacin, B_6 und C.

Fenchelsprossen haben einen intensiven Geschmack. Sie passen gut zu Fleisch, Fisch, Melonen, Fruchtdesserts, Gurkensalat.

Die Sprossenzucht mit Fenchelsamen braucht etwas Geduld. Man darf die Samen nicht länger als 3 Stunden einweichen, zudem sollten sie nicht zu nass sein.

GERSTE

Die Gerste ist eine alte Kulturpflanze. Funde lassen darauf schließen, dass dieses Getreide schon 7000 Jahre v. Chr. kultiviert worden sein muss. Im antiken Griechenland war Gerste eines der wichtigsten Getreide. Die Gerste gedeiht in fast jedem Klima und stellt auch keine großen Ansprüche an den Boden, weshalb sie

rund um den Erdball angepflanzt wird. Da die Vegetationszeit mit 3 bis 4 Monaten sehr kurz ist, kann dieses Getreide selbst im Himalayagebiet auf 5400 m und in Sibirien angebaut werden.

Da bei der Gerste Hülle und Korn/Kern eng miteinander verbunden sind, ist ein schonendes Entspelzen wie etwa beim Dinkel nicht möglich. Für die Sprossenzucht wurde eine spezielle Gerstensorte gezüchtet, die Sprießkorngerste. Sie eignet sich übrigens auch für jedes Getreidegericht. Sprießkorngerste ist im Reformhaus, im Bioladen, im Versandhandel (Seite 109) oder direkt beim Bauern erhältlich. Gerstensprossen passen zu Müsli, Salat und Käse.

HAFER

Hafer war für die Germanen das wichtigste Getreide. Haferkörner und Hafersprossen sind reich an Folsäure, einem Stoff, der für Schwangere sehr wichtig ist. Hafer ist gut für die Leber und senkt hohe Cholesterinwerte. Zudem ist er das ideale Getreide bei Diabetes. Für Kranke und Rekonvaleszente ist er eines der besten Lebensmittel überhaupt. Er nährt, ohne die Verdauung zu belasten. Für Sportler und Denksportler sind Hafer und Hafersprossen eine besonders wertvolle Nahrung (Brain food).

Hafersprossen sind reich an Vitaminen, Mineralstoffen und Spurenelementen. Hervorzuheben sind Fluor, Jod, Zink, Mangan und die Vitamine A, B_1, C und E.

Für die Sprossenzucht nimmt man am besten Nackthafer, d. h. entspelzten Hafer (siehe auch Gerste). Nackthafer ist im Bioladen und im Reformhaus sowie im Versandhandel (Seite 104) erhältlich. Er kann selbstverständlich auch für jedes Hafergericht verwendet werden. Beim Entspelzen des Korns wird leider oft nicht nur die Hülse entfernt, sondern auch der freigelegte Keim verletzt, was das Sprießen erschwert. Am besten mischt man den Hafer mit Weizen und Roggen, das fördert das Sprießen.

HANF

Der Hanf ist eine uralte Kultur- und Heilpflanze, die sich immer größerer Beliebtheit erfreut. Aus den Hanfsamen wird u. a. ein hochwertiges Öl gepresst, das reich an Gamma-Linolensäuren ist und den Stoffwechsel anregt. Der Mensch ist nicht in der Lage, die Linolensäure selber zu bilden. Bei Frauen führt ein Mangel häufig zu einem prämenstruellen Syndrom. Die nach Nüssen schmeckenden Samen unterstützen die Entschlackung; zudem entgiften sie die Leber und regen die Gallenproduktion an. Auch Diabetikern sind die Hanfsprossen zu empfehlen.

Für die Sprossenzucht benötigt man gutes Saatgut, das man am besten beim Sprossenfachmann bezieht (Hanfsamen aus Schweizer Produktion keimen wegen des feuchten Klimas oft schlecht). Die Hanfsamen werden zum Sprießen vorzugsweise mit Alfalfasamen gemischt, auch Rettich und Chinakohl eignen sich.

HIRSE

Die Hirse ist eine alte Kulturpflanze. Sie war das Grundnahrungsmittel der Ägypter und Sumerer; auch die Römer wussten sie zu schätzen. Die Hirsekörner und die Hirsesprossen sind reich an Mineralstoffen. Nur gerade der Hafer weist noch bessere Werte auf. Zu erwähnen sind insbesondere Fluor, Eisen und Kieselsäure. Kieselsäure ist ein natürliches «Schönheitsmittel» für Haut, Haare und Nägel.

Der Mensch kann nur die geschälte Hirse verdauen, d. h die Goldhirse. Da die Goldhirse schlecht sprießt – der Keim wird beim Schälen häufig verletzt –, wird für die Sprossenzucht rohe Hirse verwendet. Man kann aber auch geschälte Hirse kurz ansprossen. Dazu legt man die Goldhirse über Nacht in kaltes Wasser ein und lässt sie danach einen Tag sprießen. Rein optisch sieht man nach 24 Stunden wenig bis gar nichts von einem Spross. Schon nach dieser kurzen Sprießzeit sind die Werte der Enzyme und anderer wertvoller Inhaltsstoffe aber deutlich angestiegen. Die Hirsesprossen sind von kräftigem Geschmack (nicht alle mögen sie). Sie passen am besten in ein Müsli oder in einen Fruchtsalat, da sie süßlich schmecken.

KICHERERBSEN

Die Kichererbsen stammen aus Vorderasien. Im Orient wachsen sie teilweise wild und sind ein Unkraut. Die Erbsen werden heute in der Türkei, in Indien und in Pakistan sowie in Afrika und Südeuropa kultiviert. In den meisten Anbauländern sind Kichererbsen ein wichtiges Grundnahrungsmittel.

Wie alle Hülsenfrüchte enthalten Kichererbsen reichlich Eiweiß, Eisen und Ballaststoffe. Kichererbsen und daraus gezogene Sprossen sind sehr schmackhaft und gesund. Sie erhellen das Gemüt und bringen uns wieder zum «Kichern». Die Erbsen enthalten krebshemmende Wirkstoffe, zudem sind sie ein guter Antioxidant. Bei Diabetes regulieren sie wie alle Hülsenfrüchte den Insulinspiegel. Die Faserstoffe sind gut für die Darmflora.

Die Kichererbsen sprießen leicht und können vielseitig verwendet werden: roh, frittiert, als Suppeneinlage, in Gemüsegerichten usw. Aber auch als gesunde Knabberei zwischendurch schmecken sie köstlich. Eine Delikatesse sind blanchierte Kichererbsensprossen in Pasta, verfeinert mit Olivenöl extra nativ und Basilikum.

 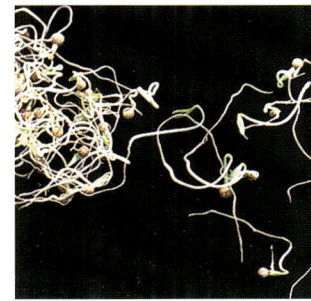

KORIANDER

Die Korianderpflanze stammt aus dem Vorderen Orient, sie ist aber auch in Nord-afrika, etwa Ägypten und Marokko, heimisch. In der orientalischen Küche ist der Koriander in Pulverform und als Grünkraut ein beliebtes Würzmittel. In China ist er in zahlreichen Heilmitteln enthalten. Auch die Currymischung kann nicht auf Kori-ander verzichten.

Koriandersprossen sind in der Gourmetküche sehr beliebt. Man kann sie fein hacken und mit weicher Butter vermengen, fertig ist die Pastasauce. Aber auch Fleischgerichten geben die Sprossen Pfiff.

Für gute Sprießresultate dürfen die Samen nicht zu nass sein; Koriander ist eher etwas für erfahrene Sprossenzüchter.

KRESSE

Die Heimat der Kresse ist Persien. Schon Hippokrates empfahl sie für die Reinigung des Organismus. Eine große Reinigungskraft haben vor allem die Senföle; sie regen den Stoffwechsel und die Nieren an. Zudem enthalten die Sprossen beachtliche Mengen Vitamin C.

Für die Sprossenzucht ist ein Kultivator von Vorteil. Da die Kresse Schleim bildet, sollten die Samen mit 90% Alfalfa gemischt werden. Aus hygienischen Gründen kommen zum Aussäen weder Schalen noch Tücher infrage. In der Gastronomie sind alle statischen Produktionsmethoden verboten (siehe auch Seite 22).

Kressesprossen sind ziemlich scharf. Menschen mit empfindlichem Magen sollten sie in jedem Fall mit Alfalfasprossen mischen. Kressesprossen werden wie Garten- oder Brunnenkresse verwendet. Sie werten jeden Salat auf, sie passen auf belegte Brote, zu Käse usw. Sie können anstelle der Petersilie auch als grüne Dekoration verwendet werden.

KÜRBISKERNE

Die Heimat des Kürbis ist Mexiko, wo man ihn schon 7000 Jahre v. Chr. gekannt hat.

Kürbiskerne sind äußerst gesund. Sie enthalten reichlich Zink und Selen. Das Öl besteht zu einem großen Teil aus mehrfach ungesättigten Fettsäuren. Es hat eine große Verjüngungskraft und ist gut für die Nieren und die Blase. Kerne und Sprossen enthalten viel Vitamin E, Symbol der Fruchtbarkeit, sowie Vitamin A und Eisen. Bei Prostatabeschwerden sind Kerne und Sprossen ein beliebtes Heilmittel.

Für die Sprossenzucht nimmt man die schalenlosen grünen Kerne des Ölkürbis. Es braucht etwas Geduld, bis die Kerne sprießen. Das Resultat hängt auch stark von der Sorte ab. Am besten legt man die Kerne max. 3 Stunden in kaltes Wasser ein; bei längerer Einweichzeit werden sie zu nass und faulen rasch. Kürbiskernsprossen können bereits nach 1 bis 2 Tagen gegessen werden, also wenn sie erst gerade zu sprießen begonnen haben. Bereits nach dieser kurzen Zeit ist der Vitalstoffgehalt deutlich gestiegen. 7 Tage alte Sprossen sind ungenießbar, weil bitter. Kürbiskernsprossen sind für den sofortigen Verbrauch bestimmt.

LEINSAMEN

Die Leinsamen kennt man vor allem als darmregulierendes, entzündungshemmendes Mittel. Auch bei Lungenbeschwerden lindern sie die Schmerzen. Sehr gesund ist das Öl, das reich an mehrfach ungesättigten Fettsäuren ist. Äußerlich wird das Öl bei Hautausschlägen empfohlen.

Da die Leinsamen stark schleimen, kommt es im Sprossenglas bei fehlender Luftzirkulation rasch zur Schimmelbildung. Die besten Resultate erzielt man, wenn man die Leinsamen mit 90% Alfalfasamen mischt.

LINSEN

Linsen werden nachweislich seit etwa 10 000 Jahren angebaut. Sie waren vermutlich zusammen mit Knoblauch und Zwiebeln die wichtigste Nahrung der Pyramidenerbauer. Bis zur Jahrhundertwende wurden Linsen auch in Mitteleuropa angebaut, heute konzentriert sich der Anbau auf Südeuropa, den Vorderen Orient und die USA. Es gibt zahlreiche Linsensorten, für die Sprossenzucht werden vor allem grüne, orange und braune Linsen verwendet.

Schade, dass die gesunden Linsen in unserer Küche immer noch so wenig bekannt sind, sind sie doch in der warmen und kalten Küche das ganze Jahr sehr vielseitig verwendbar. Wer mit der Verdauung der Samen Probleme hat, sollte vermehrt die leicht verdaulichen Sprossen essen. Auch Diabetikern kann der regelmäßige Genuss von Linsensprossen empfohlen werden, da sie den Blutzuckerspiegel positiv beeinflussen.

Linsen enthalten wie alle Hülsenfrüchte viel Eiweiß (24%), reichlich komplexe Kohlenhydrate und zahlreiche Vitamine, vor allem das Vitamin B_{12}, und die Vitamine A, C und E, zudem etliche Mineralstoffe wie Eisen und Kalzium sowie Spurenelemente.

Linsensprossen sind einfach zu kultivieren und eignen sich daher gut als Einstieg in die Sprossenküche. Die Sprossen sind vielseitig verwendbar: Man gibt sie z. B. gegen Ende der Kochzeit einer Spaghettisauce, Gemüse oder Suppen bei. Aber auch roh schmecken sie köstlich.

MUNGOBOHNE

Die Sprossen der grünen Mungobohne – wir kennen sie vor allem aus der chinesischen Küche – werden bei uns fälschlicherweise «Sojasprossen» genannt. Die weißen Sprossen mit den blassgelben Blättern (aus der gelben Bohne) werden in großen Mengen industriell hergestellt. In der heimischen privaten Sporssenküche bevorzugen wir die 2 bis 3 Tage jungen Sprossen der grünen oder schwarzen Mungobohne oder der roten Adzukibohne, die derselben Pflanzengattung (vigna) angehören.

In Asien ist die Mungobohne die wichtigste Hülsenfrucht überhaupt und seit über 3000 Jahren bekannt. Angebaut wird sie heute vor allem in China, Indien, und Malaysia sowie im Irak und in Ostafrika sowie in kleineren Mengen auch in Frankreich und Italien.

Die Mungobohne ist reich an Vitamin E, dessen verjüngende Wirkung bestens bekannt ist. Die Bohne enthält zudem die Vitamine A, B_1, B_2, B_{12}, Niacin und C, die sich während des Wachstumsprozesses der Sprosse gigantisch vermehren, ebenso die Mineralien Kalium, Kalzium, Phosphor, Eisen und Magnesium. Mit 25% Eiweiß gehört die Mungobohne, wie alle Hülsenfüchte, zu den proteinreichsten pflanzlichen Lebensmitteln.

Mungosprossen ergänzen salzige und süße Speisen und schmecken auch im Müsli frisch und knackig.

MÜNCHNER RETTICH

Der Rettich ist eine alte Kulturpflanze, die auch in der alten Welt kultiviert wurde; 2700 v. Chr. kannte man den Rettich im ganzen Mittelmeerraum. Die Heimat des Rettichs sind China und Japan. Die Pyramidenbauer sollen ihn, zusammen mit Knoblauch und Zwiebeln, regelmäßig gegessen haben.

Rettich und Rettichsprossen sind gesundes grünes «Kraftfutter». Rettich regt den Gallenfluss an und reinigt den Organismus. Die Senföle wirken antifungizid und antibakteriell; zudem enthalten sie penicillinähnliche Stoffe. Die Rettichsprossen sollten vor allem im Winterhalbjahr regelmäßig auf den Tisch kommen, da sie das Immunsystem stärken. Nebst vielen Enzymen und Hormonen enthalten die Sprossen auch reichlich Kalzium, Phosphor, Eisen und Kalium. Bei den Vitaminen ist vor allem der hohe Vitamin-C-Gehalt zu erwähnen.

Rettichsprossen schmecken leicht scharf. Am besten genießt man sie zusammen mit anderen Sprossen in Salaten oder auf belegten Broten. Nicht nur schmackhaft, sondern auch verdauungsfördernd sind sie bei Käsemahlzeiten wie Raclette, Fondue, Käseplatte, Käsekuchen.

Personen mit empfindlichem Magen und solche, die größere Mengen an Giftstoffen im Körper haben, reagieren auf Rettichsprossen oft mit starkem Aufstossen. Hier kann Abhilfe geschaffen werden, wenn man eine Entgiftungskur mit Bockshornkleesprossen (1 bis 6 Wochen) macht. Siehe auch Bockshornkleesprossen, Seite 31.

ROGGEN

Roggen ist ein sehr widerstandsfähiges, anspruchsloses Getreide. Er wird vor allem in Nordeuropa angepflanzt, wo das Mehl für Sauerteigbrote Verwendung findet.

Roggen enthält reichlich Kleie, die gut für den Darm und die Verdauung ist. Roggen ist auch reich an Eiweiß (ca. 11,5%) und Kohlenhydraten. Bei den Mineralien sind vor allem Silizium, Jod und Zink zu erwähnen. Durch den Sprießvorgang werden neue Hormone und Enzyme gebildet, was den Roggen leichter verdaulich macht.

Roggensprossen passen gut zu Käse und Rohkostsalat, aber auch in ein Müsli. Reste können in den Brotteig geknetet werden.

RUCOLA

Die Rucola ist eine uralte Kulturpflanze der Römer und Griechen. In Indien wird sie vor allem für die Ölgewinnung angebaut. Aus den gemahlenen Samen wird auch eine Art Senf hergestellt.

Die Rucola ist bei uns Würzkraut und Zutat für Salate. Noch vor wenigen Jahre wusste selbst ein Gemüsehändler nicht, was Rucola ist. Das hat sich geändert, Rucola ist ein absolutes Trendkraut.

Gleich wie das Kraut passen die sehr aromatischen Sprossen zu Pasta, Pizza, zu Sandwiches sowie zu Fleisch und Fisch. Wem der Geschmack der Sprossen zu kräftig ist, mischt die Samen am besten mit 90% Alfalfa. Diese Kombination ist auch ideal für gute Sprießresultate.

SPROSSEN BLANCHIEREN?

Die Hülsenfrüchte (Samen/Bohnen) enthalten Spuren des natürlichen Giftes Trypsin. Da Trypsin beim Sprießen aufgespalten und abgebaut wird, ist ein Erhitzen der Sprossen vor dem Verzehr nicht notwendig. Gleiches gilt für das in den Kichererbsen enthaltene Hämataogglutenin sowie das im Weizenkorn enthaltene Phytin und das Canavanin in den Alfalfasamen.

Grundsätzlich sollten grüne Sprossen von Chinakohl, Brokkoli, Alfalfa, Rucola u. a. stets roh verzehrt werden. Sprossen von Getreide und Hülsenfrüchten können, müssen aber nicht erwärmt werden. Keinesfalls sollten die Sprossen aber länger als 5 Minuten erhitzt werden, da die Enzyme und das Eiweiß beeinträchtigt werden. Das Eiweiß wird ab 40 °C zerstört und die Enzyme inaktiv. Es ist möglich, dass Einsteiger zu Beginn aus geschmacklichen Gründen die gedämpften den rohen Sprossen vorziehen.

SENF

Die Senfpflanze gehört in die Kohlfamilie; in die gleiche Familie gehören u. a. Meerrettich, Kresse, Rettich, Brokkoli, Kohl. Der Senf stammt ursprünglich aus Asien, heute wird er vor allem in Indien, in den Mittelmeerländern und auf dem Balkan kultiviert.

Die Senfkörner werden als Gewürz- und Heilmittel geschätzt. Ein Fussbad mit Senfmehlzusatz wärmt den Körper. Senf und Senfsprossen fördern die Verdauung und regen den Stoffwechsel an. Auch eine krebsvorbeugende Wirkung sollen sie haben. Senfsamen enthalten reichlich Eiweiß, Fett und Vitamine (Vitamin A, B_1 und B_2, C) sowie Mineralstoffe (Schwefel, Kalium, Eisen u.a.).

Senfsprossen schmecken scharf; sie können als Gewürz für Salate, Suppen und Kartoffelgerichte verwendet werden. Man sollte Senfsprossen einmal auf mit Butter bestrichenem Vollkornbrot oder zu Lachs probieren; sie schmecken sehr erfrischend und würzig. Da die Senfsamen beim Sprießen schleimen, mischt man sie am besten mit Alfalfasamen im Verhältnis 1 : 9; dies ist auch aus medizinischen Gründen zu empfehlen.

SESAM

Der Sesam dürfte die älteste Ölfrucht sein. Schon 5500 v. Chr. wurde die Sesampflanze in Indien angebaut.

Das aus den Samen gewonnene Öl (Kaltpressung) ist sehr wertvoll und hat gegenüber anderen Pflanzenölen den großen Vorteil, das es kaum ranzig wird. Das Sesamöl ist in der asiatischen Küche Würzmittel und Speiseöl. Aber auch die Sesamsamen sind sehr gesund. Schon Hippokrates (5. Jh. v. Chr.) empfahl das Sesamöl als Heil- und Stärkungsmittel. Die Samen enthalten viel Eiweiß (25%), hochwertiges pflanzliches Öl (ca. 60%) und reichlich Lecithin sowie Vitamin A, C und E und die Mineralstoffe Kalzium, Eisen und Kieselsäure. Das Lecithin ist Nervenbalsam und natürliches Schönheitsmittel für Haut und Haare. Samen und Sprossen sind vorzügliche Kalziumquellen, wobei die Sprossen davon rund 100 Mal mehr enthalten als der Samen.

Leider ist die Sprossenzucht mit Sesamsamen nicht ganz einfach. Am besten mischt man ihn mit 90% Alfalfasamen. Für ein gutes Sprießresultat braucht es zudem einwandfreien Samen.

SONNENBLUMENKERNE

Die Sonnenblume ist eine alte Kulturpflanze aus dem Land der Mayas. Auch die Azteken und Indianer schätzten den hohen Nährwert der Sonnenblumenkerne. Noch vor Mais, Kürbis und Bohne spielte die Sonnenblume als Wildkraut in der Ernährung der Indianer eine wichtige Rolle. Hauptanbaugebiete für Sonnenblumen sind heute Ungarn, Bulgarien und andere Ostländer.

Besonders wertvoll ist das aus den Sonnenblumenkernen durch Kaltpressung gewonnene Öl. Aber auch die ganzen Kerne schmecken, roh oder leicht geröstet, über den Salat gestreut hervorragend. Die Kerne sind reich an hochwertigem Eiweiß (28%) und Fett (25–40%).

Für die Sprossenzucht werden sowohl geschälte wie ungeschälte Sonnenblumenkerne verwendet. Sonnenblumensprossen schmecken nussig und passen deshalb auch gut zu Früchten, zu Blattsalat, Tomaten und Käse.

Bei Muttermilchmangel können junge, d. h. 1 bis 2 Tage alte Sonnenblumensprossen zusammen mit Wasser zu einem feinen Drink püriert und dem Säugling als qualitativ ebenbürtiger Milchersatz gegeben werden. Es versteht sich von selbst, dass die Sonnenblumenmilch für jede Mahlzeit frisch zubereitet werden muss.

SOJABOHNE

Die gelbe Sojabohne gehört mit 36% Eiweiß unter den Hülsenfrüchten zu den Spitzenreitern. Der hohe Eiweißgehalt erklärt auch die große Bedeutung und die vielfältige Verwendung der gelben Sojabohne, die weltweit eines der wichtigsten Nahrungsmittel ist. Sie wird einesteils zu Tofu verarbeitet und andernteils in der Industrie als Rohstoff für Isolate und raffiniertes Sojaöl genutzt. Aus den in Wasser eingeweichten Bohnen wird zudem Sojamilch hergestellt. Der Sojaschrot wird zu Tierfutter verarbeitet. Der Ruf des gesunden Grundnahrungsmittels hat seit der Gen-Geschichte ziemlich gelitten. Hier ist ganz klar zu unterscheiden zwischen der nicht manipulierten Mungobohne und der immer häufiger manipulierten gelben Sojabohne.

Die gelbe Sojabohne enthält viel Lecithin (2%), das bekannt ist für seine nervenstärkenden Eigenschaften; in Reformkreisen wird Lecithin in isolierter Form auch als Brain food (Gehirnnahrung) verkauft. Der Anteil an hochwertigem pflanzlichem Fett (18%) ist beachtlich. Bei den Mineralstoffen haben Eisen (1,2 mg/100 g) und Kalzium (50 mg/100 g) die Nase vorn. Durch das Sprießen werden diese Inhaltsstoffe vermehrt und der Vitamin-C-Gehalt (10 mg/100 g) stark erhöht. Andere Inhaltsstoffe der Bohne werden so umgewandelt, dass sie für den menschlichen Organismus leichter resorbierbar sind. Auch das Eiweiß kann durch die dank Wachstumsprozess geförderte Enzymtätigkeit vom Körper leichter aufgenommen und verarbeitet werden.

WEIZEN

Den Weizen kennt man seit mindestens 6000 Jahren. Er ist unser wichtigstes Brotgetreide. Er enthält viel pflanzliches Eiweiß (12%), Kohlenhydrate (70%) sowie Vitamine und Mineralstoffe.

Weizensprossen haben einen sehr hohen Vitamin-B-Gehalt, sie sind ein wahres Elixier für Erschöpfte und Chronischkranke. Der Vitamin-C-Gehalt ist im Weizenkeim

600 Mal größer als im Korn. Der Anteil an Provitamin A (Vorstufe von Vitamin A) steigt innerhalb von 20 Stunden um 200%. Der Vitamin-B_2-Gehalt steigt innerhalb von 12 Stunden um 50%.

Weizensprossen sind einfach zu ziehen. Sie sind von süßlichem Geschmack und passen deshalb auch in ein Müsli, in einen Jogurt und in ein Dessert. Weizensprossen und Dörrfrüchte sind in Kombination ein vollwertiges Frühstück. Am besten kultiviert man die Weizensprossen selber und genießt sie möglichst jung; denn je älter sie werden, desto mehliger ist ihr Geschmack. Überschüsse kann man gut in einen Brotteig kneten.

ZWIEBEL

Die Zwiebelsprossen sind ein idealer Ersatz für rohe Zwiebeln. Die Sprossen sind von aromatischem, kräftigem, aber trotzdem mildem Geschmack, zudem sehen sie sehr dekorativ aus. Die Sprossen wirken ebenso wie die Zwiebeln antibakteriell und stärken damit auch das Immunsystem. Gleichzeitig reinigen und entschlacken sie den Organismus. Vor allem bei großem Fleischverzehr sollte man regelmäßig Zwiebelsprossen essen, da sie die Verdauung unterstützen und unerwünschte Fäulnisprozesse im Darm verhindern.

Die Zwiebelsprossen passen zu fast allen Gerichten. Ein kulinarischer Tipp: Rösti mit Zwiebelsprossen und Lachs mit Zwiebelsprossen (Seite 66) sind sehr schmackhaft.

REZEPTE

APFEL-CURRY-SUPPE MIT BOCKSHORNKLEE-SPROSSEN

- 1 EL Butterschmalz/Bratbutter oder Sesamöl
- 1 kleine Zwiebel
- 1 Apfel
- 1 TL mittelscharfes Currypulver
- 30 g feiner Naturreis-Schrot oder Weizenvollkornmehl
- 400 ml/4 dl Gemüsebrühe
- 200 ml/2 dl Milch
- 1 Prise Pimentpulver
- Vollmeersalz
- 1 TL Akazienhonig
- 100 g/1 dl süße Sahne/Rahm

- für die Garnitur Bockshornklee- oder Sonnenblumensprossen oder Sprossen nach Wahl

1. Die Zwiebel fein hacken, im Butterschmalz oder Sesamöl dünsten. Den Apfel schälen und mit der Bircher-Rohkostreibe dazureiben. Mit Curry bestäuben. Den Reisschrot dazugeben, kurz mitdünsten. Die Gemüsebrühe und die Milch angießen, auf kleinem Feuer 10 Minuten köcheln lassen. Mit Piment und Salz würzen. Mit dem Honig abschmecken.

2. Die heiße Suppe in vorgewärmten Tellern anrichten. Mit einem Häubchen geschlagener süßer Sahne garnieren. Reichlich Sprossen darüber streuen.

ZUCCHINICREMESUPPE MIT ALFALFA- UND ZWIEBELSPROSSEN

- 1 Zwiebel
- 2 Knoblauchzehen
- 2 EL Olivenöl extra nativ
- 800 g Zucchini
- 750 ml/7,5 dl Gemüsebrühe
- 1 TL Pfeilwurzelmehl
- Meersalz
- Pfeffer aus der Mühle
- 1 Eigelb nach Belieben
- 100 g/1 dl süße Sahne/Rahm
- Alfalfa- und Zwiebelsprossen

1. Die Zwiebel fein hacken. Die Zucchini beidseitig kappen, in kleine Stücke schneiden.

2. Die Zwiebeln und den durchgepressten Knoblauch im Öl dünsten. Die Zucchini dazugeben und mitdünsten. Die Gemüsebrühe angießen, aufkochen und etwa 10 Minuten köcheln lassen, bis die Zucchini weich sind. Die Suppe pürieren.

3. Die Zucchinisuppe aufkochen, das mit wenig Wasser angerührte Pfeilwurzelmehl unterrühren, kurz köcheln lassen. Mit Salz und Pfeffer abschmecken. Die Pfanne von der Wärmequelle nehmen und das Eigelb unterrühren.

4. Die Suppe anrichten. Garnieren mit geschlagener süßer Sahne und den Sprossen.

Abbildung

KARTOFFELCREMESUPPE MIT GURKEN UND ALFALFASPROSSEN

für 4 bis 6 Personen

- 600 g mehlige Kartoffeln
- 800 ml / 8 dl Gemüsebrühe
- 200 ml / 2 dl Milch
- 100 g / 1 dl süße Sahne/Rahm
- 1 Salatgurke
- 1 kleine Zwiebel
- Pfeffer aus der Mühle
- Meersalz

- 2 Hand voll Alfalfasprossen

1. Die Kartoffeln schälen und in kleine Würfel schneiden. Die Gurke ebenfalls schälen und in kleine Würfel schneiden.

2. Die Kartoffeln in der Gemüsebrühe weich kochen, mit der Flüssigkeit pürieren.

3. Milch, süße Sahne und Gurken in die Kartoffelpfanne geben, die Zwiebel mit der Bircher-Rohkostreibe dazureiben, 5 Minuten kochen lassen. Das Kartoffelpüree unterrühren, nochmals erhitzen. Abschmecken mit Salz und Pfeffer.

4. Die Kartoffelcremesuppe anrichten. Die Alfalfasprossen darüber streuen.

KALTES GURKENSCHAUM-SÜPPCHEN MIT RUCOLA-SPROSSEN

- 1 kleine Zwiebel
- 2 Knoblauchzehen
- 2 EL Olivenöl extra nativ
- 2 Salatgurken
- 1 reife Avocado
- 1 Bund frischer Dill, fein gehackt
- 125 g / 1,25 dl süße Sahne/Rahm
- 250 ml / 2,5 dl Buttermilch
- geriebene Muskatnuss
- Kräutermeersalz
- Pfeffer aus der Mühle

- Rucola- oder Chinakohl- oder Sonnenblumensprossen oder Sprossen nach Wahl
- Borretschblüten für die Garnitur

1. Die Zwiebel und die Knoblauchzehen fein hacken, im Öl dünsten. Beiseite stellen.

2. Die Gurken schälen und würfeln. Die Avocado halbieren, den Stein entfernen, das Fruchtfleisch mit einem Löffel herauslösen.

3. Gurken, Avocadofleisch, Zwiebelgemisch, Dill, süße Sahne und Buttermilch in das Mixerglas geben, fein pürieren. Würzen. 30 Minuten kühl stellen.

4. Die Suppe anrichten. Die Rucolasprossen darüber streuen. Mit Borretschblüten garnieren.

WILDKRÄUTERSÜPPCHEN MIT ALFALFASPROSSEN

- 1 EL Olivenöl extra nativ oder Butter
- ½ Bund Kerbel
- ½ Bund Zitronenmelisse
- 8–10 Brennnesselblätter
- 3 Bärlauchblätter
- 600–700 ml/6–7 dl Gemüsebrühe
- Kräutermeersalz
- geriebene Muskatnuss
- 1 Eigelb
- 150 g/1,5 dl süße Sahne/Rahm
- Alfalfasprossen oder Alfalfasprossen mit Rucolasprossen gemischt

1. Sämtliche Kräuter fein hacken, im Öl oder in der Butter kurz dünsten. Die Gemüsebrühe angießen, aufkochen und 5 Minuten köcheln lassen. Pürieren.

2. Die Hälfte der süßen Sahne steif schlagen.

3. Die Suppe aufkochen. Das Eigelb und die zweite Hälfte der süßen Sahne verrühren, unter die heiße, aber nicht kochende Kräutersuppe rühren. Die Suppe darf keinesfalls kochen, sonst gerinnt sie. Mit Kräutersalz und wenig Muskatnuss würzen.

4. Das Kräutersüppchen anrichten. Mit der steif geschlagenen Sahne und den Alfalfasprossen garnieren. Sofort servieren.

Variante: Die Suppe kann statt mit Eigelb auch mit Pfeilwurzmehl (Reformhaus) gebunden werden. 2 EL Pfeilwurzmehl mit kaltem Wasser glatt rühren und unter die kochende Suppe rühren, 1 bis 2 Minuten köcheln lassen.

PILZSUPPE MIT CHINAKOHLSPROSSEN

- 1 EL Olivenöl extra nativ
- 2 kleine Schalotten
- 200 g Champignons
- 100 ml/1 dl Weißwein
- 2 EL Mehl
- 800 ml/8 dl Gemüsebrühe
- 100 ml/1 dl süße Sahne/Rahm
- Meersalz/Pfeffer aus der Mühle

Suppeneinlage

- 200 g gemischte Pilze, z. B. Steinpilze, Pfifferlinge/Eierschwämmchen
- 1 EL Olivenöl extra nativ
- einige Rosmarinnadeln, gehackt
- Meersalz/Pfeffer aus der Mühle
- 2 EL Chinakohlsprossen

1. Die Schalotten fein hacken. Die Champignons putzen und klein schneiden. Schalotten und Champignons im Öl dünsten. Den Weißwein angießen, kurz köcheln lassen. Das Mehl mit wenig Gemüsebrühe glatt rühren, mit der restlichen Brühe zu den Pilzen geben, 10 Minuten köcheln lassen. Pürieren.

2. Für die Einlage die Pilze putzen, in Streifen oder Scheiben schneiden. Eine Bratpfanne aufheizen, Pilze und Öl gleichzeitig in die Pfanne geben und kräftig anbraten. Mit den Rosmarinnadeln sowie Salz und Pfeffer würzen.

3. Die Pilze in vorgewärmte Teller verteilen. Die Suppe und die süße Sahne aufkochen, abschmecken, in die Suppenteller gießen. Mit den Sprossen garnieren.

SPROSSENBROT NACH ESSENER ART

- Weizen- oder Dinkelsprossen
- wenig Vollkornmehl
- 1 EL Olivenöl extra nativ
- 1 Prise Meersalz
- 1 Prise Kreuzkümmel

1. Die Weizen- oder Dinkelsprossen zu einem Brei verarbeiten, am besten in der Moulinette hacken.

2. Sprossenbrei, wenig Mehl, Olivenöl und Gewürze zu einem Teig zusammenfügen. Dünne Fladen formen.

3. Teigfladen im vorgeheizten Backofen bei maximal 50 Grad 3 bis 4 Stunden trocknen lassen. Die Ofentüre einen Spalt breit offen lassen, damit der Dampf entweichen kann.

Tipp: Bei sommerlichen Temperaturen können die Fladen an der Sonne getrocknet werden.

Zum Rezept: Aus dem Buch «Ernährung für Mensch und Erde» von Christian Opitz.

AVOCADOBROT MIT SPROSSEN

für 2 Personen

- 1 reife Avocado
- wenig Zitronensaft
- 1 TL Olivenöl extra nativ oder 1 TL Olivenöl mit Zitronen aromatisiert
- 2 TL fein gehackte Kräuter, z. B. Petersilie, Schnittlauch
- Kräutermeersalz
- Pfeffer aus der Mühle

- Vollkornbrot
- 4 EL gemischte Sprossen (Zwiebel-, Alfalfa-, Bockshornklee-, Chinakohl-, Rettichsprossen)

1. Die Avocado schälen, halbieren und den Stein entfernen. Die Fruchthälften zerkleinern, zusammen mit dem Zitronensaft und dem Öl zu einer Paste rühren. Die Kräuter untermischen, mit Kräutersalz und Pfeffer abschmecken.

2. Die Avocadopaste auf die Brotscheiben streichen. Mit den Sprossen garnieren.

Produkteinfo: Bezugsquelle Olivenöl mit Zitronenaroma, Seite 109.

Abbildung
vorn rechts: Avocadobrot mit Sprossen
links, rechts und hinten: Sprossenbrot mit Frischkäse

SPROSSENBROT MIT FRISCHKÄSE

für 1 Person

- 2 Scheiben Vollkornbrot
- 1 kleine Freilandgurke oder
  1 Bund Radieschen
- Meersalz
- Pfeffer aus der Mühle
- 100 g Ziegenfrischkäse oder anderer
  Frischkäse
- Sprossen von Alfalfa, Rettich,
  Chinakohl, Bockshornklee, Zwiebeln

1. Die Gurke samt Schale oder die Radieschen in feine Scheiben schneiden, die Brotscheiben damit belegen. Mit Salz und Pfeffer würzen. Den Ziegenkäse in Scheiben schneiden, auf die Gurken legen. Mit reichlich Sprossen bestreuen.

Abbildung Seite 55

CURRY-TOFU AUF TOMATENSALAT

- 300 g Tofu
- Sojasauce
- Meersalz/Pfeffer aus der Mühle
- 1 EL Olivenöl extra nativ oder Sesamöl
- 1–2 TL scharfer Curry

- 6 sonnengereifte Tomaten
- 1 Hand voll Cashewkerne
- Sprossen nach Wahl, z. B. Rucola-,
  Alfalfa-, Sonnenblumen-, Zwiebel- oder
  Bockshornkleesprossen

Sauce
- 2 EL Weißweinessig
- 5 EL Olivenöl extra nativ
- Kräutermeersalz
- Pfeffer aus der Mühle

1. Den Tofu würfeln. Mit Sojasauce, Salz und Pfeffer würzen, 30 Minuten marinieren. Tofu im Öl braten, mit Curry bestäuben.

2. Die Cashewkerne in einer Bratpfanne ohne Fett leicht rösten.

3. Bei den Tomaten den Stielansatz herausschneiden, in Scheiben schneiden.

4. Die Zutaten für die Sauce gut verrühren.

5. Die Tomatenscheiben auf Teller verteilen, mit der Marinade beträufeln. Den Tofu darauf anrichten. Reichlich Sprossen darüber streuen. Mit den Cashewkernen garnieren.

Abbildung

AVOCADOSALAT MIT ALFALFA UND KRESSE

- 200 g Alfalfasprossen
- 1 Hand voll Kresse
- 2 Freilandtomaten
- 1 reife Avocado

Sauce
- 2 EL Apfelessig
- 1 EL Zitronensaft
- Meersalz
- Pfeffer aus der Mühle
- 4 EL Olivenöl extra nativ oder 4 EL Walnuss-/Baumnussöl

1. Alfalfasprossen und Kresse auf Teller verteilen.

2. Bei den Tomaten den Stielansatz entfernen, in Spalten schneiden. Die Avocado schälen, halbieren, entsteinen und in Spalten schneiden. Tomaten- und Avocadospalten auf den Sprossen anrichten.

3. Die Zutaten für die Sauce sämig rühren, über den Salat träufeln. Mit Blüten nach Wahl garnieren.

AUSTERNPILZE AUF ALFALFASPROSSEN

Vorspeise

- 160 g Alfalfasprossen

- 400 g Austernpilze
- 1 EL Olivenöl extra nativ
- 1 Knoblauchzehe
- 1–2 EL Olivenöl extra nativ
- 1 TL Olivenöl mit Zitronen aromatisiert
- etwas Balsamessig
- Meersalz
- Pfeffer aus der Mühle
- 1 EL geröstete Sesamsamen
- 1 EL gehackte glattblättrige Petersilie

1. Die Alfalfasprossen auf Teller verteilen.

2. Die Austernpilze putzen und in feine Streifen schneiden, zusammen mit dem durchgepressten Knoblauch im Olivenöl kurz und kräftig anbraten.

3. Die Pilze auf den Sprossen anrichten. Mit den beiden Ölen und dem Balsamessig beträufeln. Mit Salz und Pfeffer würzen. Mit den Sesamsamen und der Petersilie garnieren.

Variante: Für eine ganze Mahlzeit einige Scheiben Ziegenkäse dazulegen und den Salat mit Rosmarinfladen servieren.

Produktinfo: Bezugsquelle Olivenöl mit Zitronenaroma, Seite 109.

CHAMPIGNONSALAT MIT TOMATEN UND ZWIEBEL-SPROSSEN

- 250 g weiße Champignons
- 1 EL Olivenöl extra nativ
- 4 Freilandtomaten
- Salatblätter
- Zwiebelsprossen oder Mischung von Alfalfa- und Zwiebelsprossen

Sauce
- 1 EL Apfelessig
- 1 TL Sojasauce
- 2 EL Olivenöl extra nativ
- 1 kleine Zwiebel
- 1 Knoblauchzehe
- 2 EL fein gehackte Petersilie
- 1 TL Kapern
- Kräutermeersalz/Pfeffer aus der Mühle

1. Die Champignons putzen und in Scheiben schneiden. Die Pilzscheiben im Öl dünsten, beiseite stellen.

2. Den Stielansatz bei den Tomaten herausschneiden, die Früchte würfeln.

3. Für die Sauce Essig, Sojasauce und Olivenöl verrühren. Die Zwiebel und die Knoblauchzehe fein hacken, zusammen mit der Petersilie und den Kapern zur Sauce geben. Mit Kräutersalz und Pfeffer würzen.

4. Die Sauce mit den Pilzen und den Tomaten gut vermengen.

5. Den Pilzsalat auf Salatblättern anrichten. Die Zwiebelsprossen darüber streuen.

MÖHREN-FENCHEL-FRISCHKOST MIT ALFALFASPROSSEN

- 1 mittelgroßer Fenchel
- 200 g Möhren/Karotten
- 50 g Alfalfasprossen
- 2 EL Sonnenblumenkerne

Sauce
- 1 EL Sojasauce
- 1 EL Balsamessig
- 1 EL Apfelessig
- 3 EL kalt gepresstes Sonnenblumenöl oder Olivenöl extra nativ
- 1 TL fein gehackte Petersilie

1. Die Sonnenblumenkerne in einer Bratpfanne trocken rösten.

2. Den Fenchel und die Möhren putzen, fein hobeln.

3. Das Gemüse auf Tellern anrichten. Alfalfasprossen darauf verteilen. Mit der Sauce beträufeln. Die Sonnenblumenkerne darüber streuen.

MOZZARELLA MIT JUNGEN SONNENBLUMEN-SPROSSEN

- 300 g Mozzarella, vorzugsweise aus Büffelmilch
- 2 EL junge Sonnenblumensprossen (2 Tage alt)
- 16 schwarze Oliven
- glattblättrige Petersilie oder Basilikum für die Garnitur

Vinaigrette
- 4 TL Orangenaspretto oder Rotweinessig
- 4 EL Olivenöl extra nativ
- wenig Olivenöl extra nativ mit Zitronen aromatisiert
- Pfeffer aus der Mühle

1. Den Mozzarella in Scheiben schneiden, zusammen mit den Sprossen und den Oliven auf Tellern anrichten. Mit der Petersilie oder dem Basilikum garnieren.

2. Die Zutaten für die Vinaigrette gut verrühren und würzen, über den Käse und die Sprossen träufeln.

Produktinfo: Bezugsquelle Olivenöl mit Zitronenaroma, Seite 109.

AVOCADOSALAT MIT EI UND DREIERLEI SPROSSEN

- 2 Freilandtomaten
- 2 reife Avocados
- 1 Zitrone, Saft
- 2 hart gekochte Freilandeier
- 2 Bund Rucola oder 2 Bleichlöwenzahnwurzeln
- Sprossen von Sonnenblumenkernen, Zwiebeln und Linsen

Vinaigrette
- 2 EL Balsamessig
- 4 EL Olivenöl extra nativ oder 4 EL Olivenöl extra nativ mit Zitronen aromatisiert
- Meersalz
- Pfeffer aus der Mühle

1. Für die Vinaigrette sämtliche Zutaten gut verrühren. Würzen.

2. Bei den Tomaten den Stielansatz entfernen, die Früchte in Spalten schneiden. Die Avocados schälen, halbieren und entsteinen, in Spalten schneiden, sofort mit dem Zitronensaft beträufeln. Die Eier schälen und vierteln. Beim Bleichlöwenzahn den Wurzelstock wegschneiden, die Blätter eventuell etwas kürzen.

3. Sämtliche Zutaten auf Glastellern anrichten. Mit der Vinaigrette beträufeln.

Tipp: Sehr gut dazu passen in Olivenöl eingelegte Artischockenböden oder Thunfisch (ganze Mahlzeit).

Abbildung
Avocadosalat mit Ei und dreierlei Sprossen

PAPRIKASALAT MIT ARTISCHOCKEN UND ZIEGENKÄSE

- 600 g gemischter Gemüsepaprika/ Peperoni
- 12 in Olivenöl eingelege Artischockerherzen
- 2 in Öl eingelegte Ziegenfrischkäse
- Zwiebel- oder Rucolasprossen
- schwarze Oliven nach Belieben
- Basilikum

Sauce
- 1 EL Balsamessig
- 1 EL Apfel- oder Weißweinessig
- 4 EL Olivenöl extra nativ
- Meersalz
- Pfeffer aus der Mühle

1. Die Paprikaschoten im Backofen bei 240 Grad 20 bis 30 Minuten backen, bis die Haut schwarz ist. Mit einem feuchten Tuch bedecken und erkalten lassen. Die Schoten häuten, den Stielansatz entfernen, die Früchte halbieren und entkernen, in Streifen schneiden.

2. Paprikastreifen, Artischockenherzen und den in Scheiben geschnittenen Ziegenkäse auf Tellern anrichten. Mit der Sauce beträufeln. Mit den Sprossen und dem Basilikum garnieren.

Variante: Den Gemüsepaprika durch Tomatenspalten oder -scheiben ersetzen.

Abbildung

MAISSALAT MIT LINSEN-SPROSSEN NACH ART DER MAYAS

- 200 g kleine grüne Linsensprossen
- 200 g grüner oder gelber Gemüse-paprika/Peperoni
- 1 Maiskolben oder 300 g Zuckermais aus dem Glas
- 400 g Freilandtomaten
- 2 Zweiglein Basilikum
- Petersilie
- 200 g Fetawürfelchen

Sauce
- 2 EL Apfelessig
- 2 EL Balsamessig
- 6 EL Olivenöl extra nativ
- Meersalz/Pfeffer aus der Mühle

1. Die Linsensprossen im Dampf nach Belieben 2 Minuten blanchieren oder roh verwenden.

2. Die Maiskörner vom Kolben schneiden, im Dampf rund 5 Minuten garen.

3. Bei den Tomaten den Stielansatz herausschneiden, die Früchte vierteln oder würfeln. Beim Gemüsepaprika den Stielansatz entfernen, die Frucht halbieren und die Kerne entfernen, klein würfeln.

4. Sprossen, Gemüsepaprika, Maiskörner und Tomaten mit der Sauce vermengen. 10 Minuten stehen lassen.

5. Den Salat anrichten. Das Basilikum in feine Streifen schneiden, die Petersilie hacken, über den Salat streuen.

HERBSTLICHER WURZEL-SALAT MIT FRÜCHTEN UND SPROSSEN

- 200 g rohe Rote Beten/Randen
- 200 g Möhren/Karotten
- 1 Boskoop-Apfel
- 2 Orangen

Sauce
- 1 Orange, Saft
- 3 EL Zitronensaft
- 180 g (1 Becher) Jogurt nature
- 4 EL Crème fraîche
- 1 Prise Ingwerpulver
- 1 Prise Zimtpulver
- 1 Prise Meersalz

- einige Walnüsse/Baumnüsse für die Garnitur
- Chinakohl- oder Buchweizensprossen

1. Für die Sauce Orangen- und Zitronensaft, Jogurt und Crème fraîche glatt rühren. Mit Ingwer, Zimt und Salz würzen.

2. Die Roten Beten und die Möhren schälen, auf einer nicht zu feinen Reibe direkt in die Salatsauce reiben. Den Apfel schälen, vierteln und entkernen, die Fruchtviertel in kleine Stücke schneiden, unter den Salat mischen. Die Orangen großzügig schälen, die Fruchtfilets herauslösen und halbieren, unter den Salat mischen. 10 Minuten ziehen lassen.

3. Den Salat anrichten. Mit den Nüssen und Sprossen garnieren.

AVOCADOMOUSSE MIT EIERN AUF ZWIEBEL-SPROSSEN

für 2 Personen

Avocadomousse
- 2–3 reife Avocados
- 1 Zitrone, Saft
- 2 EL Mayonnaise aus dem Reformhaus oder Jogurt nature
- 2 hart gekochte Freilandeier
- 1 EL fein gehackte Zwiebeln
- Cayennepfeffer oder normaler Pfeffer
- Meersalz

- 2 Hand voll Zwiebelsprossen
- 2 Tomaten
- 100 g Fetakäse
- entsteinte schwarze Oliven

1. Bei den Tomaten den Stielansatz entfernen, klein würfeln. Den Fetakäse ebenfalls klein würfeln. Die Oliven hacken.

2. Die Avocados schälen, halbieren und entsteinen. Die Fruchthälften zerkleinern, zusammen mit dem Zitronensaft und der Mayonnaise zu einer Creme rühren. Die Eier schälen und fein hacken, zusammen mit den Zwiebeln zur Creme geben. Würzen.

3. Die Zwiebelsprossen auf 2 Teller verteilen. Die Avocadocreme mit einem Esslöffel portionieren, d. h. Klöße abstechen, auf den Sprossen anrichten. Garnieren mit den Tomaten, dem Feta und den Oliven.

SIZILIANISCHER BOHNEN-TOMATEN-SALAT MIT FISCHSAUCE

- 500 g grüne Bohnen
- 6 feste mittelgroße Tomaten
- 2 hart gekochte Freilandeier
- Pfeffer aus der Mühle

Sauce

- 150 g Thunfisch aus delphinfreundlichem Fang
- 2 Eigelb von Freilandeiern
- 200 ml/2 dl Gemüsebrühe
- 2 EL Zitronensaft
- 2 EL Olivenöl extra nativ
- 1 EL Kapern
- Meersalz
- Pfeffer aus der Mühle

- 12 schwarze Oliven
- einige Kapern
- reichlich Zwiebel- oder Rettichsprossen

1. Die grünen Bohnen putzen und im Dampf knackig garen, etwa 20 Minuten. Unter kaltem Wasser abschrecken.

2. Bei den Tomaten den Stielansatz herausschneiden, in Scheiben oder Spalten schneiden. Die Eier schälen, vierteln.

3. Sämtliche Zutaten für die Sauce fein pürieren. Mit Salz und Pfeffer würzen.

4. Bohnen, Tomaten und Eier auf Tellern anrichten. Mit Pfeffer würzen. Die Sauce darüber verteilen. Garnieren mit den Oliven, den Kapern und den Sprossen.

ROHER BLUMENKOHL- SALAT MIT BOCKSHORN- KLEESPROSSEN

- 1 mittelgroßer Blumenkohl

Sauce

- 200 g Crème fraîche
- 2 EL Olivenöl extra nativ
- 1 EL Sojasauce
- 2–3 EL Apfelessig
- 1 Prise Gelbwurz für die Farbe (fakultativ)
- 1/2 TL mildes Currypulver
- 2 TL fein gehackte Petersilie
- Meersalz
- Pfeffer aus der Mühle

- 2 EL Bockshornkleesprossen
- 1–2 EL Cashewkerne

1. Die Cashewkerne in einer Bratpfanne ohne Fett kurz rösten, grob hacken.

2. Für die Sauce sämtliche Zutaten verrühren, mit Salz und Pfeffer würzen.

3. Den Blumenkohl in möglichst kleine Röschen teilen oder auf dem Gemüsehobel hobeln, mit der Sauce vermengen.

4. Den Blumenkohlsalat anrichten. Mit den Bockshornkleesprossen und den Nüssen garnieren.

SPINAT-STEINPILZ-SALAT

- 200 g junger, zarter Blattspinat
- 200 g Steinpilze oder andere Pilze
- 2 EL Olivenöl extra nativ zum Braten
- ½ Bund frisches Basilikum

Marinade
- 2 EL Balsamessig
- 1 EL Sojasauce
- 4 EL Olivenöl extra nativ
- 1 Knoblauchzehe
- Meersalz
- Pfeffer aus der Mühle

- 80 g Fetawürfelchen nach Belieben
- Senf- oder Buchweizen- oder Zwiebelsprossen

1. Den Blattspinat gut waschen und trocken schleudern. Auf Teller verteilen.

2. Für die Marinade Essig, Sojasauce und Öl gut verrühren, den Knoblauch dazupressen. Würzen.

3. Die Steinpilze mit einem spitzen Küchenmesser säubern und mit einem trockenen Tuch abreiben, in feine Scheiben schneiden. Eine weite Bratpfanne aufheizen, die Pilze und das Olivenöl gleichzeitig in die Pfanne geben, kräftig braten, mit Salz und Pfeffer würzen.

4. Die Pilze auf dem Spinat anrichten. Das Basilikum fein schneiden, über die Pilze verteilen. Die Marinade darüber träufeln. Mit dem Fetakäse und den Sprossen garnieren.

SALMONE AL LIMONE

- 400–500 g feiner Rauchlachs, am besten Wildlachs
- 1–2 Limonen, Saft
- 150 g kleine, feine Rucola
- Pfeffer aus der Mühle
- 2 EL Olivenöl extra nativ oder Olivenöl extra nativ mit Zitronenaroma
- 2 TL große Kapern
- Zwiebelsprossen

1. Den Lachs in breite Streifen schneiden, mit Limonensaft beträufeln.

2. Die Rucola auf Teller verteilen, den Lachs darauf legen. Mit Kapern und Zwiebelsprossen garnieren. Mit Pfeffer abschmecken und Olivenöl beträufeln.

Tipp: Mit getoastetem Knoblauchbrot servieren. Dazu die Brotscheiben mit wenig Butter bestreichen und mit halbierten Knoblauchzehen einreiben. Im vorgeheizten Backofen bei 220 Grad rösten.

Abbildung

KICHERERBSENSPROSSEN-PAPRIKA-AVOCADO-SALAT

- 200 g Kichererbsensprossen
- 400 g gemischter Gemüsepaprika/Peperoni
- 2 reife Avocados
- einige schwarze Oliven
- Petersilie oder Basilikum

Sauce
- 3 EL Orangenaspretto oder Rotweinessig
- wenig Balsamessig
- Meersalz
- Pfeffer aus der Mühle
- 7 EL Olivenöl extra nativ

1. Die Kichererbsensprossen nach Belieben im Salzwasser 3 Minuten blanchieren, in ein Sieb abgießen.

2. Beim Gemüsepaprika den Stiel entfernen, die Früchte halbieren und entkernen, in feinste Streifen schneiden. Die Avocado schälen, halbieren und entsteinen, in Spalten schneiden.

3. Gemüsepaprika, Kichererbsensprossen, Avocados und Oliven auf Tellern anrichten. Mit der Sauce beträufeln. Die Petersilie fein hacken oder das Basilikum in feine Streifen schneiden, darüber streuen.

Produkteinfo: Bezugsquelle Orangenaspretto, Seite 109.

ZUCCHINI AL LIMONE MIT SCAMPI

- 400 g kleine, junge Zucchini
- 2 Zitronen, Saft
- Meersalz

- 16 Scampischwänze
- 1 Knoblauchzehe
- Olivenöl extra nativ zum Braten
- Pfeffer aus der Mühle

- 1 Bund kleinblättrige Rucola
- Zwiebelsprossen oder Rucolasprossen oder eine Kombination mit Alfalfasprossen

1. Die Zucchini beidseitig kappen, ungeschält in sehr feine Scheiben hobeln. In einer Schüssel mit reichlich Zitronensaft und wenig Meersalz vermengen, mindestens 30 Minuten marinieren. Die Zucchinischeiben in einem Sieb abtropfen lassen, dann auf Teller verteilen.

2. Die Scampischwänze zusammen mit dem durchgepressten Knoblauch im heißen Öl kurz braten. Mit Pfeffer würzen.

3. Die Scampischwänze auf dem Zucchinibeet anrichten. Mit Rucolakraut und Rucolasprossen garnieren. Mit wenig Salz und Pfeffer würzen. Am Tisch mit frischem Olivenöl beträufeln. Sehr gut passt dazu auch ein Olivenöl mit Zitronenaroma.

Tipp: Die Scampi können durch gebratenen Tofu oder Lachs ersetzt werden.

Abbildung

SPARGEL-ORANGEN-SALAT MIT SPROSSEN

- 600 g weißer Spargel
- 3–4 Orangen
- Blattsalat

Sauce
- 1 EL Apfelessig oder Orangenaspretto oder Himbeeressig
- 4 EL Walnuss-/Baumnussöl oder Olivenöl extra nativ
- 1 Prise Meersalz
- Pfeffer aus der Mühle

- 2 EL geröstete Sonnenblumenkerne
- Sonnenblumensprossen

1. Den Spargel schälen, das untere Drittel großzügig, die Schnittstelle kappen. Spargelstangen in 3 cm lange Stücke schneiden. Im Dampf knackig garen, etwa 20 Minuten.

2. Die Orangen großzügig schälen, die Fruchtfilets herauslösen, den Saft auffangen.

3. Für die Sauce Essig, Öl und aufgefangenen Orangensaft gut verrühren, mit Salz und Pfeffer würzen. Die Spargelstücke und die Orangenfilets dazugeben und vermengen, 10 Minuten marinieren.

4. Den Blattsalat auf Tellern auslegen, den Spargel-Orangen-Salat samt Sauce darauf anrichten. Mit den Sonnenblumenkernen und -sprossen garnieren.

Tipp: Himbeeressig können Sie sehr einfach selber herstellen, indem Sie frische Himbeeren in eine Flasche mit Schraubverschluss füllen und mit Apfel- oder Weißweinessig auffüllen. 3 Wochen an einem hellen, sonnigen Ort ziehen lassen. Himbeeren absieben und den Essig wieder zurück in die Flasche füllen. Auch ein sehr schönes Mitbringsel.

Produkteinfo: Bezugsquelle Orangenaspretto, Seite 109.

FRÜHLINGSSALAT MIT LINSENSPROSSEN

- 100 g kleine grüne Linsensprossen
- 250 g Kohlrabi
- 250 g Möhren/Karotten
- 2 unbehandelte Orangen
- frisches Koriandergrün

Sauce
- 1 EL Balsamessig
- 2 EL Honigessig oder Orangenaspretto
- 3 EL Olivenöl extra nativ
- 1 TL Olivenöl mit Mandarinenaroma nach Belieben
- 2 EL süße Sahne/Rahm
- 1 Msp abgeriebene Orangenschale
- Meersalz

1. Die Linsensprossen nach Belieben in reichlich Salzwasser 2 bis 3 Minuten blanchieren, in ein Sieb gießen und mit kaltem Wasser abschrecken.

2. Die Kohlrabi und die Möhren putzen und in feine Stäbchen schneiden

3. Die Orangen großzügig schälen, auch die weißen Häutchen entfernen, die Fruchtfilets ohne Häutchen herauslösen.

4. Kohlrabi, Möhren und Linsensprossen mit der Sauce vermengen, auf Tellern anrichten. Mit den Orangenspalten und dem Koriandergrün garnieren.

Produktinfo: Bezugsquelle Orangenaspretto und Olivenöl mit Mandarinenaroma Seite 109.

ZUCCHINI-KÄSE-CARPACCIO MIT RETTICH-SPROSSEN

- 2 mittelgroße Zucchini, ca. 250 g
- 200 g würziger Käse, z. B. Bergkäse
- Pfeffer aus der Mühle
- Kräutermeersalz
- 80 g Rettichsprossen
- Cherrytomaten für die Garnitur
- Thymianblüten für die Garnitur

Mariande
- 2 EL Olivenöl extra nativ mit Grapefruitaroma oder Olivenöl extra nativ
- 2 EL Olivenöl extra nativ
- wenig Orangenaspretto oder Weißweinessig

1. Die Zucchini beidseitig kappen, mit einem Gemüsehobel in feine Scheiben hobeln. Den Käse ebenfalls in feine Scheiben hobeln.

2. Die Zucchinischeiben rosettenförmig auf Teller verteilen. Mit wenig Pfeffer und Salz würzen. Die Käsescheiben darauf verteilen. Die Rettichsprossen in die Mitte geben. Mit Olivenöl und Aspretto beträufeln. Nach Belieben mit halbierten Cherrytomaten und Thymianblüten garnieren.

Tipp: Mit gerösteten Knoblauchbrotscheiben servieren.

Produktinfo: Bezugsquelle Olivenöl mit Grapefruitaroma und Mandarinenaroma, Seite 109.

KICHERERBSENSPROSSEN-KARTOFFEL-CURRY

- 2 EL Sesamöl oder Butterschmalz/ Bratbutter
- 2 Schalotten
- 600 g festkochende, kleine Kartoffeln
- 200 g Kichererbsensprossen
- 1/2 TL Kurkuma nach Belieben
- 1 TL mildes Currypulver
- 400–500 ml/4–5 dl Gemüsebrühe
- Meersalz
- Pfeffer aus der Mühle
- Sonnenblumensprossen für die Garnitur

1. Die Schalotten in feine Scheiben schneiden. Die Kartoffeln schälen und längs vierteln.

2. Die Schalotten im Öl oder im Butterschmalz dünsten. Die Kartoffeln dazugeben. Kurkuma und Curry darüber streuen. Die Gemüsebrühe angießen. Die Kartoffeln weich garen, die Kichererbsensprossen die letzten 4 Minuten mitkochen. Abschmecken mit Salz und Pfeffer.

3. Den Kartoffeleintopf anrichten, mit den Sonnenblumensprossen garnieren.

Produkteinfo: Kurkuma gehört in die Familie des Ingwer. Kurkuma/Gelbwurz unterstützt die Verdauung. Dem Curry gibt er die gelbe Farbe.

Abbildung

SEETEUFEL AUF BLATT-SALAT UND SPROSSEN

- 600 g Seeteufelfilets
- etwas Zitronensaft
- Meersalz/Pfeffer aus der Mühle
- Provencekräuter
- 2 EL Olivenöl extra nativ

- 150 g Feld-/Nüsslisalat oder anderer Blattsalat
- Linsen- oder Zwiebelsprossen oder Sprossen nach Wahl
- Kapern, entsteinte schwarze Oliven, Zitronenscheiben, für die Garnitur

Sauce
- 2 EL Balsamessig
- 1 TL Senf
- 4 EL Olivenöl extra nativ
- Meersalz/Pfeffer aus der Mühle
- 1–2 Knoblauchzehen

1. Die Fischfilets mit wenig Zitronensaft beträufeln, kurz marinieren. Dann trocken tupfen, mit Salz und Pfeffer würzen.

2. Die Sauce zubereiten, den Knoblauch dazupressen.

3. In einer Bratpfanne das Öl erhitzen, die Fischfilets hineinlegen, mit den Provencekräutern bestreuen, beidseitig kurz braten.

4. Den Blattsalat und die Sprossen auf Teller verteilen. Mit der Sauce beträufeln. Die warmen Fischfilets darauf legen. Garnieren. Sofort servieren.

BLUMENKOHLKÖPFCHEN MIT CURRY-GEMÜSE

für 6–8 Köpfchen von 6 cm Durchmesser

- 500 g Blumenkohl
- 4 Freilandeier
- 200 g/2 dl süße Sahne/Rahm
- geriebene Muskatnuss
- Pfeffer aus der Mühle
- Meersalz

Gemischtes Gemüse
- 2 EL Olivenöl extra nativ
- 800 g Gemüse, z. B. Brokkoli, Blumenkohl, Möhren/Karotten, Kohlrabi usw.
- 1 kleine Zwiebel
- 1 EL scharfes Currypulver
- wenig Gemüsebrühe
- 2 Hand voll Kichererbsensprossen

- Bockshornkleesprossen für die Garnitur

1. Den Strunk des Blumenkohles klein würfeln, die Blume in kleine Röschen teilen. Im Dampf garen, bis das Gemüse sehr weich ist.

2. Blumenkohl, Eier und süße Sahne mit dem Stabmixer oder im Mixerglas pürieren. Kräftig würzen.

3. Den Backofen auf 180 Grad vorheizen.

4. Die Förmchen mit weicher Butter ausstreichen. Die Blumenkohlmasse einfüllen. Die Förmchen in eine ofenfeste Form stellen, auf zwei Drittel Höhe mit Wasser füllen. Im vorgeheizten Backofen bei 180 Grad 30 bis 40 Minuten pochieren.

5. Für das Gemüseragout das Gemüse putzen, in Röschen teilen oder in Stäbchen schneiden. Die Zwiebel fein hacken. Gemüse und Zwiebeln im Olivenöl dünsten, mit Curry bestäuben. Wenig Gemüsebrühe angießen und das Gemüse knackig dünsten, 10 bis 15 Minuten. Die letzten 5 Minuten die Kichererbsensprossen mitdünsten.

6. Die Ränder des Flans mit einem spitzen Messer sorgfältig lösen, die Köpfchen auf vorgewärmte Teler stürzen. Das Curry-Gemüse anrichten.

AUBERGINEN-PIZZA
MIT MUNGOSPROSSEN
UND RUCOLA

für 4 Pizzas

Pizzateig

- 250 ml/2,5 dl lauwarmes Wasser
- 30 g Hefe
- 300 g Dinkel- oder Weizenvollkornmehl
- 1/2 TL Meersalz
- 1 EL Olivenöl extra nativ

Belag

- 2 Auberginen, ca. 400 g
- Olivenöl extra nativ zum Braten
- 1 roter oder gelber Gemüsepaprika/ Peperoni
- Cherrytomaten
- 250 g Mungosprossen
- 150 g Ziegenfrischkäse, gewürfelt
- Meersalz
- Pfeffer aus der Mühle
- getrockneter Oregano
- 1–2 EL Olivenöl extra nativ

- Rucola oder Sprossen für die Garnitur

1. Die Hefe im lauwarmen Wasser auflösen. Das Mehl und das Salz in einer Schüssel vermengen, eine Vertiefung drücken. Das Hefewasser und das Öl hineingeben, zu einem Teig rühren. Den Teig auf der Arbeitsfläche 10 Minuten mit den Händen kneten, bis er glatt und geschmeidig ist. In eine Schüssel legen und mit einem feuchten Tuch bedecken. An einem warmen Ort 30 Minuten gehen lassen.

2. Die Auberginen beidseitig kappen, in Scheiben schneiden und mit Salz bestreuen. Auf einem Tuch 30 Minuten Wasser ziehen lassen, dann trocknen. Die Scheiben in wenig Olivenöl beidseitig braten, beiseite stellen. Die Mungosprossen in der gleichen Pfanne in wenig Öl dünsten, beiseite stellen. Den Gemüsepaprika halbieren, den Stielansatz und die Kerne entfernen, die Hälften in sehr feine Streifen schneiden, ebenfalls kurz dünsten.

3. Den Backofen auf 230 Grad vorheizen. Backbleche mit Backpapier belegen.

4. Den Pizzateig kurz durchkneten, in 4 Portionen teilen und Kugeln formen. Dünn ausrollen. Die Pizzaböden auf das Blech legen. Zuerst die Sprossen darauf verteilen, dann mit den Auberginen und den halbierten Tomaten belegen, Paprika darüber streuen. Den Ziegenkäse, darüber verteilen. Mit Salz, Pfeffer und Oregano würzen. Wenig Olivenöl darüber träufeln.

5. Die Pizzas im vorgeheizten Backofen bei 230 Grad rund 15 Minuten backen. Mit Rucola oder Sprossen garnieren.

Varianten: Die Auberginen durch Zucchini ersetzen, mit schwarzen Oliven belegen.

GEFÜLLTE AUBERGINEN MIT BOCKSHORNKLEE-SPROSSEN

- 4 mittelgroße Auberginen

Füllung
- 2 EL Olivenöl extra nativ
- 400 g gemischter Gemüsepaprika/ Peperoni
- 2 Knoblauchzehen
- je 1 Zweiglein Rosmarin und Thymian
- wenig Gemüsebrühe
- Pfeffer aus der Mühle
- Kräutermeersalz
- wenig Sojasauce
- 120 g Bockshornkleesprossen
- 150 g Fetawürfelchen
- 150 g Mozzarella
- wenig Basilikum

- Alfalfasprossen

1. Die Auberginen läng halbieren, mit dem Grapefruitmesser vorsichtig aushöhlen. Die Schalen in wenig Gemüsebrühe etwa 7 Minuten garen. In eine gefettete Gratinform setzen.

2. Das Auberginenfleisch klein würfeln. Beim Gemüsepaprika den Stiel entfernen, halbieren und entkernen, klein würfeln. Die Rosmarinnadeln abstreifen und hacken, die Thymianblättchen zupfen. Den Mozzarella grob hacken.

3. Den Backofen auf 220 Grad vorheizen.

4. Gemüse, durchgepressten Knoblauch, Rosmarin und Thymian im heißen Öl unter Rühren 5 bis 7 Minuten dünsten, eventuell wenig Gemüsebrühe angießen. Würzen. Die Pfanne von der Wärmequelle nehmen. Die Sprossen und die Fetawürfelchen unterrühren, in die Auberginenschalen füllen. Den Mozzarella grob hacken und auf der Füllung verteilen.

5. Die gefüllten Auberginen im vorgeheizten Backofen bei 220 Grad 12 bis 16 Minuten backen. Mit dem fein geschnittenen Basilikum und den Alfalafasprossen garnieren.

MÖHREN-BANANEN-CURRY MIT BOCKSHORN-KLEESPROSSEN

- 500 g Möhren/Karotten
- 150 ml/1,5 dl Wasser
- 100 ml/1 dl frisch gepresster Orangensaft
- 1 Prise Meersalz
- 3 EL Sesamöl oder Butterschmalz/ Bratbutter
- 1 Prise Karcamompulver
- 1 Prise Kurkuma
- 1 TL Senfkörner
- 1 TL Kreuzkümmelpulver
- 1 Prise Cayennepfeffer
- 3 EL Rosinen
- 2 Bananen
- Meersalz
- 2 EL Bockshornklee- oder Kichererbsen- oder Alfalfasprossen

1. Die Rosinen über Nacht in kaltem Wasser einlegen.

2. Die Möhren putzen und in Stäbchen schneiden, mi- dem Wasser und dem Orangensaft scwie 1 Prise Salz 5 Minuten garen.

3. Die Gewürze im Sesamöl oder im Butterschmalz dünsten. Die gut abgetropften Rosinen und die Möhren samt Kochflüssigkeit beigeben, 10 Minuten köcheln lassen, eventuell noch etwas Wasser angießen. Die Bananen in Scheiben schneiden, mit den Möhren vermengen, nochmals erhitzen. Mit Salz abschmecken und den Bockshornkleesprossen garnieren.

KARTOFFEL-ZUCCHINI-GRATIN MIT LINSEN-SPROSSEN

- 500 g kleine neue Kartoffeln
- 500 g kleine Zucchini
- 80 g Linsensprossen
- 75 g geriebener Käse, z. B. Bergkäse
- 2 Knoblauchzehen
- Meersalz
- Pfeffer aus der Mühle
- 100 g Fetakäse
- schwarze Oliven nach Belieben
- 200–300 g/2–3 dl süße Sahne/Rahm

- Sprossen für die Garnitur, z.B. Koriandersprossen

1. Die Kartoffeln schälen und längs vierteln. Die Zucchini beidseitig kappen, in etwa gleich große Stücke wie die Kartoffeln schneiden. Die Knoblauchzehen fein hacken.

2. Den Backofen auf 210 Grad vorheizen.

3. Kartoffeln, Zucchini, Linsensprossen, geriebenen Käse und Knoblauch abwechslungsweise in eine gefettete Gratinform verteilen, gleichzeitig Salz und Pfeffer einstreuen. Den Fetakäse zerbröckeln, zusammen mit den Oliven darüber verteilen. Die süße Sahne darüber gießen.

4. Das Gratin im vorgeheizten Backofen bei 210 Grad 40 bis 45 Minuten backen. Mit den Sprossen garnieren.

Tipp: Zusammen mit einem Saisonsalat eine komplette Mahlzeit.

INDISCHE BLUMENKOHL-KICHERERBSEN-PFANNE

- 600–700 g Blumenkohl oder Brokkoli
- 2 EL Olivenöl extra nativ oder Sesamöl
- 1 TL Kurkuma (für die Farbe)
- 1 TL mittelscharfes Currypulver
- wenig frisch geriebener Ingwer, nach Belieben
- 300–400 ml/3–4 dl Gemüsebrühe
- 300 g Kichererbsensprossen
- Meersalz
- Pfeffer aus der Mühle
- Bockshornkleesprossen für die Garnitur
- Petersilie oder Korianderkraut für die Garnitur

1. Den Blumenkohl in nicht zu große Röschen teilen.

2. Die Blumenkohlröschen im Öl dünsten. Kurkuma, Curry und Ingwer darüber streuen und kurz mitdünsten. Die Gemüsebrühe angießen, 5 Minuten köcheln lassen. Die Kichererbsensprossen beifügen, nochmals 6 bis 8 Minuten köcheln lassen. Abschmecken mit Salz und Pfeffer. Garnieren mit Bockshornkleesprossen, Petersilie oder Korianderkraut.

Tipp: Zu diesem Gericht braucht es außer Salat keine weiteren Beilagen, da die Kichererbsen einen großen Nährwert haben.

Variante: Kichererbsensprossen durch Linsen-, Koriander- oder Mungosprossen ersetzen.

Abbildung
Tomaten mit Linsen-Mais-Füllung

TOMATEN MIT LINSEN-MAIS-FÜLLUNG

- 200 g gekochte rote und grüne Linsen oder halb Linsen/halb Linsensprossen
- 125 g abgetropfte Maiskörner aus dem Glas
- 6 mittelgroße Tomaten
- 100 g gewürfelter Ziegenfrischkäse oder Feta

Sauce
- 2 EL Apfel- oder Weißweinessig
- 1 EL Balsamessig
- 1 EL fein gehackte Petersilie oder Koriander
- 4 EL Olivenöl extra nativ
- Pfeffer aus der Mühle
- Meersalz oder Kräutermeersalz
- 1 Knoblauchzehe

- Bockshornkleesprossen für die Garnitur

1. Die Sauce zubereiten, den Knoblauch dazupressen.

2. Die Linsensprossen nach Belieben in sprudelndem Wasser blanchieren, abtropfen lassen.

3. Linsen, Linsensprossen und Mais mit der Salatsauce vermengen.

4. Die Tomaten quer halbieren und aushöhlen (das Tomatenmark für eine Suppe oder eine Sauce verwenden). Die Tomaten mit der Linsen-Mais-Mischung füllen. Den Ziegenkäse in kleine Würfel schneiden, darüber streuen. Mit den restlichen Sprossen garnieren.

BUCHWEIZEN-PFANNKUCHEN MIT WALDPILZ-SPROSSEN-FÜLLUNG

Pfannkuchenteig

- 125 g feines Buchweizen- oder Dinkelvollkornmehl
- 2 Freilandeier
- 200 ml/2 dl Milch
- 2 EL Olivenöl extra nativ
- $1/2$ TL Meersalz
- $1/2$ TL getrocknete Provencekräuter

- Butterschmalz/Bratbutter zum Braten

Füllung

- 2 EL Olivenöl extra nativ
- 300–400 g gemischte Waldpilze
- 1 Knoblauchzehe
- 200 g Mungobohnen- und Alfalfasprossen
- Kräutermeersalz
- Pfeffer aus der Mühle
- 1 Zweiglein Rosmarin
- 1 Zweiglein Thymian
- 2 TL fein gehackte Petersilie

1. Für den Pfannkuchenteig Mehl, Eier, Milch und Öl glatt rühren. Mit dem Salz und den Kräutern würzen. Den Teig zugedeckt 30 Minuten quellen lassen.

2. In einer großen Bratpfanne wenig Butterschmalz erhitzen. Den Teig in 4 Portionen in die Bratpfanne geben und möglichst große, dünne Pfannkuchen braten. Warm stellen.

3. Für die Füllung die Pilze trocken putzen, in Scheiben schneiden. Den Knoblauch fein hacken. Eine Bratpfanne aufheizen, Öl, Pilze und Knoblauch gleichzeitig in die Pfanne geben und unter ständigem Bewegen dünsten. Nach etwa 3 Minuten die Sprossen dazugeben und weitere 5 Minuten dünsten. Würzen. Abschmecken mit den fein gehacken Rosmarinnadeln, den Thymianblättchen und der Petersilie.

4. Die Pfannkuchen mit dem Pilz-Sprossen-Gemisch füllen. Sofort servieren.

HIRSE-KRÄUTER-PUFFER MIT MUNGOSPROSSEN

für 12–14 Puffer

- 125 g Hirseflocken
- 200 ml/2 dl Gemüsebrühe
- 2 Freilandeier
- 1 kleine Zwiebel
- 50 g geriebener Käse
- 50 g Mungosprossen
- 50 g Pfifferlinge oder Champignons
- reichlich fein gehackte Kräuter, z. B. Thymian, Salbei, Petersilie, Rosmarin
- Pfeffer aus der Mühle
- Paprikapulver
- geriebene Muskatnuss

- Olivenöl extra nativ zum Braten

1. Die Zwiebel fein hacken. Die Pfifferlinge oder die Champignons putzen, fein hacken.

2. Hirseflocken, Gemüsebrühe und Eier verrühren, die übrigen Zutaten dazugeben und gut vermengen. Würzen. Die Hirsemasse 15 Minuten quellen lassen.

3. In einer Bratpfanne wenig Öl erhitzen. Von der Hirsemasse mit einem Esslöffel Klöße abstechen, in die Pfanne setzen. Die Puffer beidseitig langsam braten.

BRATLINGE AUS BUCHWEIZENSPROSSEN

für etwa 10 Bratlinge

- 50 g Buchweizensprossen
- 50 g geriebene Mandeln
- 1/2 Bund Schnittlauch
- 1 EL fein gehackte Kräuter
- 1 EL geriebener Käse
- 100 g Zucchini
- 2 Freilandeier
- Meersalz
- Pfeffer aus der Mühle
- 1 Prise Paprikapulver

- Olivenöl extra nativ oder Sesamöl zum Braten

1. Den Schnittlauch fein schneiden. Die Zucchini grob raspeln.

2. Sämtliche Zutaten gut vermengen. Würzen.

3. In einer Bratpfanne wenig Öl erhitzen. Die Masse mit einem Esslöffel portionieren und direkt in die Pfanne geben. Die Bratlinge bei mittlerer Hitze beidseitig braten.

Serviervorschlag: Mit Gemüse oder Salat und frischen Sprossen servieren.

Variante: Im Herbst und Winter Zucchini durch Kürbis ersetzen.

KRÄUTERRISOTTO MIT TOMATEN UND SPROSSEN

- 1 Zwiebel
- 1 Knoblauchzehe
- 1 EL Olivenöl extra nativ
- 200 g Naturreis
- 100 ml/1 dl trockener Weißwein
- ½ l Wasser
- 1 Zweig Rosmarin
- 8 Tomaten
- 1 EL Olivenöl extra nativ
- Kräutermeersalz
- 10 frische Basilikumblätter
- 1 Bund Rucola
- 2 EL Pestosauce
- 2 EL frisch gehackte Kräuter, z. B. Petersilie, Oregano, Majoran
- 2 EL Olivenöl extra nativ
- Gemüsebrühe

- 2 Hand voll Rucolasprossen oder Sprossen nach Wahl für die Garnitur

- 40 g Parmesan

1. Die Zwiebel und die Knoblauchzehe fein hacken, im Öl dünsten. Den Reis kurz mitdünsten. Den Weißwein und das Wasser angießen, den Rosmarinzweig beifügen, auf kleinem Feuer zugedeckt 15 Minuten kochen lassen. Auf der ausgeschalteten Wäremequelle zugedeckt 30 Minuten nachquellen lassen. Rosmarinzweig entfernen.

2. Die Spitze bei den Tomaten kreuzweise einschneiden, die Früchte in kochendes Wasser tauchen, bis sich die Haut zu lösen beginnt. Die Tomaten schälen, den Stielansatz entfernen, vierteln und entkernen. Die Fruchtviertel in 1 EL Öl kurz dünsten. Mit Kräutersalz und fein geschnittenem Basilikum würzen.

3. Die Rucola fein hacken, zusammen mit der Pestosauce, den Kräutern, dem Öl und den Tomaten unter den Reis mischen. Je nach Konsistenz braucht es noch wenig Gemüsebrühe. Abschmecken.

4. Den Risotto anrichten, mit den Rucolasprossen garnieren. Den Käse separat servieren.

MAIS-SPROSSEN-BLINIS

für etwa 12 Blinis

- 70 g feines Maismehl
- 70 g Dinkelvollkornmehl
- 1/2 TL Meersalz
- 1 TL phosphatfreies Backpulver
- 200 ml/2 dl Milch oder Sojamilch
- 2 Freilandeier
- 50 g Mungosprossen
- 2–3 Olivenöl nativ extra zum Braten

- Chinakohlsprossen für die Garnitur

Jogurt-Mais-Raita
- 1/2 TL Senfkörner
- 1 EL Olivenöl extra nativ
- 50 g Maiskörner aus der Dose
- 1 TL fein gehackter Ingwer
- 1 Knoblauchzehe
- 200 g Jogurt nature
- Kreuzkümmel
- Meersalz/Pfeffer aus der Mühle

1. Für die Sauce die Senfkörner im heißen Öl braten, bis sie platzen. Abkühlen lassen. Kurz vor dem Servieren die abgetropften Maiskörner und den Ingwer unterrühren. Die Knoblauchzehe dazupressen, den Jogurt dazugeben, verrühren. Würzen.

2. Für die Blinis sämtliche Zutaten zu einem glatten Teig rühren. 30 Minuten ruhen lassen.

3. Das Öl in einer Bratpfanne erhitzen. Den Bliniteig esslöffelweise in die Pfanne geben, die Blinis beidseitig braten.

TAHIN-KICHERERBSEN-SAUCE

- 200 g Kichererbsensprossen
- 6 EL Tahinsauce (Reformhaus oder Bioladen)
- 1 Zitrone, Saft
- 2 EL Olivenöl extra nativ
- 2 Knoblauchzehen
- Meersalz
- wenig Gemüsebrühe
- wenig gehackte Petersilie

1. Die Kichererbsensprossen im Dampf einige Minuten garen, dann in der Moulinette fein hacken. Tahinsauce, Zitronensaft und Öl unterrühren, den Knoblauch dazupressen. Mit Salz würzen. Das Ganze zu einer homogenen Paste rühren, eventuell braucht es noch wenig Gemüsebrühe. Die Petersilie unterrühren.

Zum Rezept: Eine Abwandlung der klassischen Sauce aus der orientalischen Küche. Sie passt zu Getreidebratlingen und zu Rohkost. Die Sauce ist reich an Kalzium.

Abbildung
Mais-Sprossen-Blinis

LAUCHCURRY MIT MUNGOSPROSSEN

- 1–2 EL Olivenöl extra nativ oder Sesamöl
- 2 mittelgroße Lauchstangen
- 1/2 TL mildes Currypulver
- 1/2 TL Kurkuma
- 1 Prise geriebene Muskatnuss
- 1 EL Sojasauce
- 200 g Mungosprossen
- 200 ml/2 dl Wasser
- Meersalz
- 2 TL fein gehackte Petersilie
- 2 EL geröstete Sonnenblumenkerne

1. Den Lauch putzen und in feine Streifen schneiden.

2. Den Lauch im Öl dünsten, Curry und Kurkuma darüber streuen und kurz mitdünsten. Muskatnuss, Sojasauce und Mungosprossen unterrühren, das Wasser angießen. Auf kleinem Feuer 5 bis 8 Minuten köcheln lassen, das Gemüse soll noch Biss haben. Mit Salz würzen. Die Petersilie und die Sonnenblumenkerne unterrühren.

Serviervorschlag: Mit Naturreis oder gebratenem Fisch servieren.

Abbildung
Ofenkartoffeln mit Quark-Gurken-Sauce

OFENKARTOFFELN MIT QUARK-GURKEN-SAUCE

- 800 g neue Kartoffeln
- 2 grüne Gemüsepaprika/Peperoni
- 3 EL Olivenöl extra nativ
- frische Rosmarinnadeln
- Meersalz

Gurkensauce
- 300–500 g Vollmilchquark
- 50 g/0,5 dl süße Sahne/Rahm
- 2 Zweiglein Basilikum
- 1 kleine Salatgurke oder 2 kleine Gewürzgurken
- Kräutermeersalz
- Pfeffer aus der Mühle

- Rettich-, Chinakohl- und Alfalfasprossen

1. Die Kartoffeln mit einer Bürste gut reinigen, nicht schälen, in Längsrichtung halbieren oder vierteln, den Gemüsepaprika vierteln und entkernen, in Streifen schneiden. Kartoffeln und Gemüsepaprika in eine geölte Gratinform verteilen. Mit Rosmarinnadeln und Meersalz würzen. Im vorgeheizten Backofen bei 220 bis 230 Grad braten, 20 bis 25 Minuten.

2. Für die Sauce Quark und süße Sahne gut verrühren. Das Basilikum in Streifen schneiden, die Gurke(n) fein hacken zur Sauce geben. Würzen.

3. Das Gemüse anrichten. Sauce und Sprossen separat servieren.

PAPRIKA-SPROSSEN-PFANNE MIT CURRY-FLEISCH

- 800 g gemischter Gemüsepaprika/Peperoni
- wenig Pfefferschote/Peperoncino nach Belieben
- 2 EL Olivenöl extra nativ
- 400 ml/4 dl Gemüsebrühe
- 400 g Mungosprossen
- Meersalz
- Pfeffer aus der Mühle

- 2 Hähnchen-/Pouletbrüstchen, ca. 400 g
- 2 EL Olivenöl extra nativ
- 1 EL scharfes Currypulver
- wenig Gemüsebrühe

- Bockshornkleesprossen
- Olivenöl extra nativ mit Zitronenaroma

1. Beim Gemüsepaprika den Stielansatz entfernen, die Frucht halbieren und entkernen, in feine Streifen schneiden. Die Pfefferschote entkernen in feine Streifen schneiden.

2. Paprikastreifen und Pfefferschoten im Olivenöl dünsten. Die Hälfte der Gemüsebrühe angießen, 5 Minuten köcheln lassen. Die Sojasprossen beifügen, 3 bis 5 Minuten köcheln lassen. Eventuell braucht es noch etwas Gemüsebrühe. Mit Salz und Pfeffer würzen.

3. Die Hähnchenbrüstchen in Streifen schneiden, im Öl kräftig braten, Curry darüber stäuben, wenig Gemüsebrühe angießen, 2 Minuten köcheln lassen.

4. Das Hähnchenfleisch zusammen mit den Bockshornkleesprossen zum Gemüse geben, vermengen. Mit etwas Olivenöl mit Zitronenaroma abschmecken.

Variante: Hähnchenfleisch durch Tofu ersetzen.

Serviervorschlag: Mit Nudeln oder Kartoffeln servieren.

Produkteinfo: Bezugsquelle Olivenöl mit Zitronenaroma, Seite 109.

KÄSESCHNECKEN MIT OLIVEN UND SARDELLEN

Brotteig

- 600 g Dinkelvollkornmehl oder je 300 g Vollkorn- und Ruchmehl
- ½ EL Meersalz
- 20 g Hefe
- 350 ml/3,5 dl lauwarmes Wasser
- 1 EL Olivenöl extra nativ

- 1 mittelgroße Zwiebel,
- 1 EL Olivenöl extra nativ
- 40 g geriebener Parmesan oder Greyerzer Käse
- 50 g gemischte entsteinte grüne und schwarze Oliven
- 2–4 Sardellenfilets
- einige Rosmarinnadeln nach Belieben
- Meersalz
- Olivenöl zum Beträufeln

Füllung

- Zwiebeln- und Rettichsprossen oder andere Sprossen
- in Öl eingelegte Oliven

1. Für den Teig Mehl und das Salz in einer großen Teigschüssel mischen. Die Hefe im lauwarmen Wasser auflösen, zusammen mit dem Öl zum Mehl geben, das Ganze zu einem Teig rühren. Den Teig auf der Arbeitsfläche mit den Händen kneten, bis er glatt und geschmeidig ist. In die Schüssel legen und mit einem feuchten Tuch bedecken. 30 bis 60 Minuten gehen lassen.

2. Die Zwiebel fein hacken, im Olivenöl dünsten.

3. Die Sardellenfilets und die Rosmarinnadeln fein hacken.

4. Den Backofen auf 220 Grad vorheizen.

5. Den Teig nochmals durchkneten, die gedünsteten Zwiebeln einkneten. Den Teig zu einem dünnen Rechteck ausrollen. Geriebenen Käse, Oliven, Sardellen und Rosmarinnadeln darauf verteilen. Mit wenig Salz würzen und wenig Olivenöl beträufeln. Den Teig einrollen, dann in Stücke schneiden, auf ein gefettetes Backblech legen. Nochmals 10 Minuten gehen lassen.

6. Die Teigschnecken im vorgeheizten Backofen bei 220 Grad 20 bis 25 Minuten backen. Auskühlen lassen.

7. Die Schnecken aufschneiden und mit den Sprossen füllen.

Serviervorschlag: Zusammen mit Oliven als Vorspeise oder mit einem Salat als leichtes Hauptgericht servieren.

AUBERGINEN-KÄSE-PUFFER MIT MUNGO-SPROSSEN

leichte Sommermahlzeit

für ca. 16 Puffer

- ca. 350 g Auberginen
- 150 g grüner oder roter Gemüse-paprika/Peperoni
- 1 große Zwiebel, 100 g
- 2 Knoblauchzehen
- Meersalz
- 2 EL Olivenöl extra nativ
- 120 g Mungosprossen oder beliebige Sprossen
- 3 EL geriebener Käse, z. B. Sbrinz oder Grana Padana
- 3 EL Semmelbrösel/Paniermehl
- 2 Freilandeier
- 1 EL fein gehackte Petersilie
- Pfeffer aus der Mühle

- Olivenöl extra nativ zum Braten

- Sprossen für die Garnitur

1. Die Auberginen schälen und beidseitig kappen, klein würfeln. Den Gemüsepaprika halbieren, den Stielansatz und die Kerne entfernen, klein würfeln. Die Zwiebel und die Knoblauchzehen fein hacken.

2. Auberginen, Gemüsepaprika, Zwiebeln und Knoblauch im Öl rund 8 Minuten düns-ten, eventuell braucht es ein wenig Wasser, damit das Gemüse nicht anbrennt. Mit Salz und Pfeffer würzen. Auskühlen lassen.

3. Gemüsemischung, Sprossen, geriebenen Käse, Brösel, Eier und Petersilie gut ver-mengen. Mit Pfeffer abschmecken.

4. In einer Bratpfanne wenig Öl erhitzen. Von der Masse mit einem Esslöffel Klöße abstechen, in die Pfanne setzen und beid-seitig langsam braten.

Serviervorschlag: Mit einer Tomatensauce und Naturreis oder nur mit einem Salat ser-vieren.

SAFRANNUDELN MIT PILZ-SPROSSEN-RAGOUT

- 320–400 g schmale oder breite Safrannudeln
- 250 g Pfifferlinge/Eierschwämme und/ oder Steinpilze
- 2 EL Olivenöl extra nativ
- 250 g Mungosprossen
- 100 ml/1 dl Nudelkochwasser
- Kräutermeersalz
- Pfeffer aus der Mühle
- 2 TL fein gehackte Petersilie
- einige fein gehackte Rosmarinnadeln

- Zwiebelsprossen für die Garnitur

1. Die Nudeln in reichlich Salzwasser al dente kochen, abgießen und unter kaltem Wasser abschrecken.

2. Die Pfifferlinge und/oder Steinpilze mit einem spitzen Küchenmesser säubern und mit einem trockenen Tuch abreiben. Die Pilze je nach Größe ganz lassen, halbieren oder vierteln. Eine weite Bratpfanne aufheizen, die Pilze und das Olivenöl gleichzeitig in die Pfanne geben, kräftig braten. Die Sprossen dazugeben, unter Rühren rund 8 Minuten dünsten, eventuell wenig Nudelkochwasser angießen. Mit Kräutersalz und Pfeffer würzen. Abschmecken mit der Petersilie und cem Rosmarin. Die Nudeln zum Pilzragout geben, nochmals erhitzen. Nach Belieben mit Olivenöl verfeinern.

3. Die Nudeln anrichten. Mit den Zwiebelsprossen garnieren.

Abbildung

GEMÜSE-BULGUR MIT KICHERERBSENSPROSSEN

- 280 g Bulgur
- ½ l Gemüsebrühe
- 1 EL fein gehackte Petersilie

Gemüseragout
- 2 EL Olivenöl extra nativ
- 200 g Möhren/Karotten
- 600 g Lauch
- 250 g Kichererbsensprossen
- 2 TL mittelscharfes Currypulver
- ½ l Gemüsebrühe
- Meersalz
- wenig Olivenöl extra nativ
- 2 EL Pinienkerne

1. Bulgur und Gemüsebrühe unter Rühren aufkochen, auf kleinem Feuer 5 Minuten kochen lassen. Auf der ausgeschalteten Wärmequelle zugedeckt 5 Minuten nachquellen lassen. Kurz vor dem Servieren die fein gehackte Petersilie unterrühren.

2. Die Möhren und den Lauch putzen, in feine Scheiben schneiden.

3. Das Gemüse im Öl dünsten, die Kichererbsensprossen beifügen, mit Curry bestäuben. Die Gemüsebrühe angießen, auf kleinem Feuer rund 10 Minuten köcheln lassen. Mit Salz und wenig Olivenöl abschmecken. Die Pinienkerne unterrühren.

4. Bulgur und Gemüseragout auf vorgewärmten Tellern anrichten.

BOHNEN-KÜRBIS-CURRY MIT KICHERERBSEN-SPROSSEN UND RIESEN-GARNELEN

- 2 EL Olivenöl extra nativ
- 1 kleine Zwiebel
- 300 g kleine grüne Bohnen
- 300 g geschälter Kürbis, z. B. Muscade de Provence
- 1 TL mildes Currypulver
- ½ TL scharfes Currypulver
- 400 ml/4 dl Gemüsebrühe
- 200 g Kichererbsensprossen
- Meersalz

- 8 Riesengarnelen/-krevetten
- Meersalz
- Pfeffer aus der Mühle
- Olivenöl extra nativ zum Braten
- Currypulver

- 1 EL geröstete Pinienkerne
- Bockshornkleesprossen für die Garnitur

1. Die Zwiebel fein hacken. Die Bohnen putzen. Den Kürbis würfeln.

2. Die Zwiebeln im Öl dünsten, die Bohnen und den Kürbis kurz mitdünsten. Mit Curry bestäuben. Die Gemüsebrühe angießen, zugedeckt 8 bis 10 Minuten köcheln lassen. Die Kichererbsensprossen beigeben, weitere 3 bis 4 Minuten köcheln lassen. Mit Salz und Pfeffer abschmecken.

3. Die Riesengarnelen mit Salz und Pfeffer würzen. In wenig Öl kurz und kräftig braten. Mit Curry bestäuben.

4. Gemüse und Riesengarnelen auf Tellern anrichten. Mit den Pinienkernen und den Bockshornkleesprossen garnieren.

KÜRBIS-MUNGOSPROSSEN-GEMÜSE

- 2 EL Olivenöl extra nativ
- 2 Knoblauchzehen
- 500 g geschälter Kürbis, z. B. Oranger Knirps/Potimarron
- 1 grüner Gemüsepaprika/Peperoni, ca. 200 g
- frischer oder getrockneter Thymian
- 400 ml/4 dl Gemüsebrühe
- 250 g Mungosprossen
- Meersalz
- Pfeffer aus der Mühle
- Olivenöl extra nativ
- Petersilie

- einige Kürbisblüten oder geröstete Kürbiskerne für die Garnitur

1. Den Kürbis in Würfel schneiden. Den Gemüsepaprika halbieren, den Stielansatz und die Kerne entfernen, Quadrate schneiden.

2. Den durchgepressten Knoblauch im Öl dünsten, den Kürbis und den Gemüsepaprika mitdünsten. Die frischen Thymianblättchen zupfen oder den getrockneten Thymian zwischen den Fingern zerreiben, zum Gemüse geben. Die Gemüsebrühe angießen. 10 Minuten köcheln lassen. Die Sprossen beifügen, weitere 2 bis 3 Minuten köcheln lassen. Mit Salz und Pfeffer und wenig Olivenöl abschmecken. Wenig fein gehackte Petersilie unterrühren.

3. Das Gemüse auf vorgewärmten Tellern anrichten. Mit Kürbisblüten oder gerösteten Kürbiskernen garnieren.

LAUCHPUFFER MIT CHINAKOHLSPROSSEN

für etwa 12 Puffer

- 300 junger Lauch
- 4–5 Freilandeier
- 50 g Mungosprossen
- Kräutermeersalz
- Pfeffer aus der Mühle
- ½ TL Provencekräuter
- Olivenöl extra nativ zum Braten

- Zwiebel- und Chinakohlsprossen für die Garnitur
- Zitronenscheiben

1. Den Lauch putzen und in Scheiben schneiden, im Dampf etwa 5 Minuten garen. Abkühlen lassen.

2. Die Eier verquirlen, den Lauch und die Sprossen untermischen. Würzen.

3. Das Öl in einer Bratpfanne erhitzen. Das Lauch-Sprossen-Gemisch mit einem Esslöffel oder einem Schöpflöffel portionieren und in die Pfanne geben. Die Puffer bei mittlerem Feuer beidseitig je etwa 3 Minuten braten.

4. Die Puffer mit den restlichen Chinakohlsprossen garnieren. Mit Zitronenscheiben servieren.

Serviervorschlag: Zum Aperitif oder als leichtes Mittagessen mit Salat servieren. Die Puffer passen auch zu Ofenkartoffeln.

Abbildung

AUBERGINEN IM SPROSSEN-MANTEL AUF RUCOLA

für 4 Personen als Antipasto oder
für 2 Personen als leichtes Sommeressen

- 1 große Aubergine, ca. 350 g
- Meersalz

Ausbackteig
- 3 Freilandeier
- ca. 50 ml/0,5 dl Milch
- 50 g Mais- oder Dinkelvollkornmehl
- 1 TL getrocknete Provencekräuter
- Meersalz
- ca. 80 g Bockshornkleesprossen

- Olivenöl extra nativ zum Braten

- 2 Bund Rucola
- 6 Cherrytomaten
- Olivenöl extra nativ oder
  Olivenöl extra nativ mit Zitronenaroma

1. Die Aubergine beidseitig kappen, in 3–4 mm dicke Scheiben schneiden. Die Auberginenscheiben beidseitg leicht salzen, auf einem Küchentuch etwa 20 Minuten Saft ziehen lassen. Abtrocknen.

2. Für den Ausbackteig Eier, Milch und Mehl glatt rühren. Mit den Kräutern und dem Salz würzen. Die Bockshornkleesprossen unterrühren.

3. Den Boden einer Bratpfanne mit wenig Olivenöl bedecken. Die Auberginenscheiben durch die Eimasse ziehen und im Öl bei mittlerer Temperatur beidseitig braten.

4. Die Rucola fein schneiden, auf Teller verteilen. Die gebratenen Auberginenscheiben und die halbierten Cherrytomaten darauf anrichten. Mit wenig Olivenöl beträufeln. Sofort servieren.

Produktinfo: Bezugsquelle Olivenöl mit Zitronenaroma, Seite 109.

CHINAGEMÜSE
AUS DEM WOK

- 2–3 EL Sesamöl oder Olivenöl extra nativ
- 1 Stück frische Ingwerwurzel
- 1 Pfefferschote/Peperoncino
- 2 Frühlingszwiebeln
- 1 Knoblauchzehe
- 100 g frische Shiitake Pilze oder Austernpilze
- 300 g Chinakohl
- 1 Lauch
- 1 roter Gemüsepaprika/Peperoni
- 150 g Linsen- oder Mungosprossen
- 2 EL Sojasauce
- Gomasio zum Bestreuen

- frische Sprossen nach Belieben

1. Die Ingerwurzel schälen und in feine Streifen schneiden. Die Pfefferschote aufschneiden entkernen, fein hacken. Die Frühlingszwiebeln und den Knoblauch fein hacken. Die Pilze putzen und in Streifen schneiden. Den Chinakohl und den Lauch putzen und in Streifen schneiden. Beim Gemüsepaprika den Stielansatz entfernen, halbieren und entkernen, in feine Sreifen schneiden.

2. Ingwer, Pfefferschoten, Knoblauch und Zwiebeln im Öl rührbraten. Die Pilze dazugeben und 2 Minuten mitbraten. Lauch und Chinakohl beifügen, weitere 2 Minuten braten. Die Sprossen und den Gemüsepaprika dazugeben, weitere 2 Minuten braten. Mit Sojasauce abschmecken. Gomasio darüber streuen.

Tipp: Mit Naturreis servieren.

Produkteinfo: Gomasio ist gerösteter Sesamsamen mit Meersalz, ein herrvoragendes und gesundes Würzmittel. Reich an Kalzium.

FRISCHKORNMAHLZEIT NACH EVERS

für 1 Person

- 1 TL Akazienhonig
- 50 g/0,5 dl süße Sahne/Rahm
- etwas Zitronensaft
- 1 reifer Apfel
- 100 g Saisonfrüchte oder -beeren
- 3 EL Weizen- oder Roggensprossen (nicht mischen)
- 3 EL grob gehackte oder geriebene Nüsse
- Vanillepulver nach Belieben

1. Akazienhonig, Sahne und Zitronensaft gut verrühren. Den Apfel samt Schale mit der Bircher-Rohkostreibe dazureiben. Die Saisonfrüchte in mundgerechte Stücke schneiden, die Beeren je nach Größe zerkleinern oder ganz lassen, dazugeben. Die Sprossen und die Nüsse mit dem Müsli vermengen. Nach Belieben mit Vanillepulver abschmecken.

Zum Rezept: Gut kauen … und geniessen.

BEERENMÜSLI MIT BUCHWEIZENSPROSSEN

für 1 Person

- 250 g Beeren, je nach Saison Erdbeeren, Himbeeren, Heidelbeeren usw.
- 1 EL Hirseflocken
- 2 EL Buchweizensprossen
- ½–1 EL Ahornsirup oder Palmzucker oder wenig Banane
- 2–3 EL süße Sahne/Rahm

- Sonnenblumensprossen für die Garnitur

1. Beeren je nach Größe ganz lassen oder zerkleinern.

2. Sämtliche Zutaten miteinander vermengen. Sofort servieren.

Variante: einige Sonnenblumenkerne rösten und darüber streuen.

Zum Rezept: Ein richtiges Powerfrühstück.

Abbildung

PARFAIT MIT FRUCHTSALAT UND GETREIDESPROSSEN

- 600 g frische Erdbeeren oder gemischte Beeren oder Früchte
- 2 EL Zitronensaft
- je 1 Prise Vanille-, Kardamom-, Ingwer- und Zimtpulver
- 1 EL Akazienhonig

- 12 getrocknete Datteln
- 3 EL Dinkel- oder Weizensprossen

Zimtparfait
- 2 Freilandeier
- 2 EL Orangenblüten- oder Akazienhonig
- 1 Prise Zimtpulver
- 250 g/2,5 dl süße Sahne/Rahm

1. Für das Zimtparfait Eier, Honig und Zimt cremig aufschlagen. Die Sahne steif schlagen und unter die Creme ziehen. In Portionenförmchen füllen und im Tiefkühler fest werden lassen, etwa 3 Stunden.

2. Die Datteln 2 Stunden in kaltem Wasser einlegen. Den Stielansatz wegschneiden, die Früchte entsteinen und klein schneiden.

3. Für den Fruchtsalat Zitronensaft, Gewürze und Honig verrühren. Die Früchte bei Bedarf klein schneiden, zusammen mit den Datteln zur Sauce geben, sorgfältig vermengen. 30 Minuten marinieren.

4. Die Ränder des Parfaits mit einem spitzen Messer lösen, auf Glasteller stürzen. Mit dem Fruchtsalat und den Sprossen umgeben.

BRIE MIT BIRNEN UND WEIZENSPROSSEN

- 280 g Brie
- 2 reife Williamsbirnen
- Weizensprossen
- Walnüsse/Baumnüsse
- Pfeffer aus der Mühle
- wenig Balsamessig

1. Die Birnen schälen, vierteln und entkernen. Im Dampf kurz garen, dann in Spalten schneiden.

2. Den Brie in Scheiben schneiden, auf 4 Teller verteilen. Die Birnenspalten dazulegen. Mit den Sprossen und den Nüssen garnieren. Mit Pfeffer abschmecken. Wenig Balsamessig darüber träufeln.

Abbildung
Parfait mit Fruchtsalat und Getreidesprossen

Buhmann, Carine: Beiss nicht gleich in jeden Apfel. AT Verlag

Bustorf-Hirsch, Maren: Gesund kochen mit Keimen und Sprossen. Falken

Carper, Jean: Nahrung ist die beste Medizin. Econ

Essener: Die unbekannten Schriften der Essener, Band 1 und 2. Verlag Bruno Martin

Goetz, Rolf: Naturkost; ein praktischer Warenführer, Band 1. Pala Verlag

Grimm, Hans-Ulrich: Die Suppe lügt. Klett-Cotta

Helmke-Hausen, Monika: Die Lichtkräfte unserer Nahrung. Bauer Verlag

Leibold Gerhard: Enzymtherapie. Jopp

Liebster, Günther: Warenkunde Obst und Gemüse, Band 2. Morion Verlag

Nöcker, Rose Marie: Das grosse Buch der Sprossen und Keime. Heyne

Marn, G.: Hunza, Botschaft vom Dach der Welt. Ost- West- Bund

Opitz, Christian: Ernährung für Mensch und Erde. Hans Nietsch Verlag

Opitz, Christian: Die gesunde Revolution. Verlag Bewusstes Dasein, Zürich

Soyana: Fachinformationen über Keimbrot

Sprossen fürs Leben: Informationsbroschüre

Székley, Ed. B. Dr.: Die Lehren der Essener. Verlag Bruno Martin

Teubner: Das grosse Buch der Gemüse. Teubner Edition

Ulmer, G. A.: Ernährung mit Vernunft. Günter Ulmer

Watzl, Berhard; Leitzmann, Claus: Bioaktive Sustanzen in Lebensmitteln. Hipprokates Verlag

Schweiz
SPROSSEN FÜRS LEBEN
Alpenstrasse 17
6023 Rothenburg
Tel./Fax 041/280 70 55 (Bestellbüro)
Hotline 157 60 88 (Information)
Mana-Kultivatoren für Privathaushalte und Profis (Spitäler, Kantinen, Heime, Detailhandel usw.)
Saatgut
Lieferung tischfertiger Sprossen an Spitäler, Kantinen, Heime, Detailhandel usw.
Sprossenkurse/Kochkurse und Seminare für Privatleute und Profis

BONEFRO NICOLA DI CAPUA
Oberdorfstrasse 32
8424 Embrach
Tel. 01/865 29 29, Fax 01/865 70 80
Olivenöl extra nativ sowie Olivenöl extra nativ mit Grapefruit-, Mandarinen- und Zitronenaroma

TRE MULINI GMBH
Sandstrasse 2
8003 Zürich
Tel./Fax. 01/461 52 50
Orangen- und Zitronenaspretto (Essig)

Deutschland
M & B Keimlinge + Sprossen GmbH
Friedhofstrasse 14
88489 Wain
Tel. 07353/3486, Fax, 07353/1754
Mana-Kultivatoren für Privathaushalte und Profis (Spitäler, Kantinen, Heime, Detailhandel usw.)
Saatgut
Lieferung tischfertiger Sprossen an Spitäler, Kantinen, Heime, Detailhandel usw.

Österreich
Elisabeth Feldinger
Walserfeldstrasse 697
5071 Wals/Salzburg
Tel. 0662/850897-0, Fax 0662/850897-7
Mana-Kultivatoren für Privathaushalte und Profis (Spitäler, Kantinen, Heime, Detailhandel usw.)
Saatgut
Lieferung tischfertiger Sprossen an Spitäler, Kantinen, Heime, Detailhandel usw.